POLYGLOTT

KROATIEN

ON TOUR

FRIEDRICH KÖTHE

Der Münchner Reisejournalist und Soziologe bereist Kroatien seit seiner Studienzeit. Vor allem die Küstenlandschaft mit ihrer Inselwelt fasziniert ihn jedes Mal aufs Neue. Als passioniertem Wanderer haben es ihm auch die unberührten Landschaften des Velebit-Gebirges und der Paklenica-Schluchten angetan. Und natürlich das glasklare Meer.

Unser E-Book-Code zur elektronischen Erweiterung des POLYGLOTT on tour. Das kostenlose E-Book enthält die im Reiseführer aufgeführten Adressen entlang der Touren, beispielsweise zu Essen und Trinken, Shoppen, Aktivitäten und Hotel-Tipps. Links auf einen externen Kartendienst vereinfachen das Auffinden dieser Adressen.

WWW.POLYGLOTT.DE

SEITENBLICK

ERSTKLASSIG

ALLGEMEINE KARTEN

REGIONEN-KARTEN

STADTPLÄNE

SYMBOLE ALLGEMEIN

Erstklassig: Besondere Tipps der Autoren

Seitenblick: Spannende Anekdoten zum Reiseziel

12 Top-Highlights und Highlights der Destination

TOUR-SYMBOLE

- 1 Die POLYGLOTT-Touren
- 6 Stationen einer Tour
- A1 Die Koordinate verweist auf die Platzierung in der Faltkarte
- a1 Platzierung Rückseite Faltkarte

PREIS-SYMBOLE

	Hotel DZ	Restaurant
€	bis 75 EUR	bis 25 EUR
€€	75 bis 125 EUR	25 bis 45 EUR
€€€	über 125 EUR	über 45 EUR

Perfekte Planung > Parallel vordere Klappe aufschlagen

TOP-12-HIGHLIGHTS

1. EUPHRASIUS-BASILIKA, POREČ > S. 57
2. AMPHITHEATER (ARENA), PULA > S. 61
3. DIE K.-U.-K.-RIVIERA > S. 65
4. INSEL KRK > S. 71
5. NP PLITWITZER SEEN > S. 82
6. NP KORNATEN > S. 91
7. KATHEDRALE DES HL. JAKOB, ŠIBENIK > S. 92
8. DIOKLETIAN-PALAST, SPLIT > S. 96
9. INSEL KORČULA > S. 119
10. ALTSTADT UND FESTUNG, DUBROVNIK > S. 123
11. NP MLJET > S. 128
12. ALTSTADT VON ZAGREB > S. 135

ZEICHENERKLÄRUNG DER KARTEN

- beschriebene Region (Seite=Kapitelanfang)
- 10 E h Sehenswürdigkeiten
- 4 Tourenvorschlag
- Autobahn
- Schnellstraße
- Hauptstraße
- sonstige Straßen
- Fußgängerzone
- Eisenbahn
- Staatsgrenze
- Landesgrenze
- Nationalparkgrenze

Sand, Grün und Felskulisse – so wie hier in Brela sehen perfekte Badebuchten aus

TYPISCH

KROATIEN IST EINE REISE WERT!

Eine Küste mit über tausend Inseln, schroffe Gebirgszüge, einsame Badebuchten und fantastische Tauchreviere, schicke Hafenmetropolen und eine quirlige Hauptstadt: Kroatien ist das ideale Reiseziel für Aktivurlauber – sowie für Liebhaber von Kunst, Kultur und Mittelmeerküche.

FRIEDRICH KÖTHE
Der Münchner Reisejournalist und Soziologe bereist Kroatien seit seiner Studienzeit. Vor allem die Küstenlandschaft mit ihrer Inselwelt fasziniert ihn jedes Mal aufs Neue. Als passioniertem Wanderer haben es ihm auch die unberührten Landschaften des Velebit-Gebirges und der Paklenica-Schluchten angetan. Und natürlich das glasklare Meer.

Meine erste Reise nach Kroatien, damals noch Teil der sozialistischen Republik Jugoslawien, unternahm ich zu Beginn meines Studiums. Mit einer Fähre fuhr ich von Rijeka die dalmatinische Küste entlang nach Süden mit Ziel Griechenland. Abends rollte ich meinen Schlafsack auf dem Deck aus und ließ mich vom Stampfen der Motoren in den Schlaf lullen. Irgendwann wachte ich auf und fand mich inmitten einer vom Vollmond beschienenen, fast unwirklichen Küstenlandschaft, in der die Grenzen zwischen Land und Meer nicht mehr zu erkennen waren. Mit jeder Stunde weiter nach Süden wurden die Ausblicke auf kahl geschliffene Inselrücken, auf Eilande, die kaum größer waren als ein Fußballfeld, auf mit Weinreben bestandene Halbinseln und winzige venezianische Hafenstädtchen faszinierender. Delfine lieferten sich Wettrennen im glasklaren Wasser, Traumbuchten tauchten auf, Segelboote trieben mit dem Wind. Griechenland war vergessen; ich stieg in Korčula aus.

Die Fahrt mit einer Fähre wiederhole ich jedes Mal, wenn ich nach Kroatien reise. Erst wenn ich die Seeluft rieche, der vorbeiziehende Inseln Aromawolken von Lavendel, Salbei oder Rosmarin beimischen, fühle ich mich richtig angekommen. Ein paar Tage am Meer, dann bin ich bereit für Entdeckungstouren in andere Landesteile, die mich inzwischen ebenso wie die Küste immer wieder überraschen und in ihren Bann ziehen.

Kroatien ist ein vielseitiges Land mit sehr unterschiedlichen kulturellen Einflüssen. In Mittelkroatien habe ich oft das Gefühl, jeden Augenblick führe Kaiser Franz Joseph in einer Kutsche vor. Österreich-Ungarn hat diesem

Teil architektonisch, kulturell und kulinarisch einiges hinterlassen. Ähnlich geht es mir in Opatija und Lovran an der Kvarner Bucht. Dorthin reiste der Wiener Adel zur Kur, und die restaurierten Villen und Palasthotels lassen erahnen, wie prunkvoll das Leben hier zur Wende vom 19. zum 20. Jh. war. Die restliche Küste von Savudrija im Norden bis Molunat im Süden steht hingegen ganz im Zeichen Venedigs. Manches Küstenstädtchen wirkt wie eine Miniaturausgabe der Serenissima, und nicht selten wird ebenso gut Italienisch wie Kroatisch parliert. Auch die Küche nimmt sich Italien zum Vorbild, würzt allerdings mit kroatischem Temperament.

Salz und Öl sind neben fangfrischem Fisch, im eigenen Garten angebautem Salat und Gemüse sowie Fleisch von »glücklichen Tieren« die Basis der kroatischen Küstenküche, die mit ihrer Kreativität Gourmets begeistert. Einer einfachen *fritaja*, einem Rührei, mit frischem wildem Spargel und Trüffel, wie sie istrische Hausfrauen servieren, kann kein Meisterkoch das Wasser reichen. Nun ja, vielleicht doch – Scampi aus dem Kvarner Golf, die sich unter den geschickten Händen von Danijel Dekić im Rovinjer Restaurant Monte in ein Semicrudo mit einer Emulsion von Seeigel, grünem Apfel und Bauchspeck verwandeln, sind eine ernstzunehmende Konkurrenz. Im Inland hingegen schmeckt es etwas bäuerlicher, kommen Puter und hausge-

Nichts schmeckt so gut wie regional erzeugte Lebensmittel, hier ist es aromatischer Käse

machte Teigwaren auf den Tisch. Den süßen, mit Nüssen und Quark gefüllten *štrukli* kann wohl niemand widerstehen!

Auch in puncto Kunst und Architektur hat Kroatien seinen Besuchern viel zu bieten. Man denke nur an die strahlenden byzantinischen Mosaiken in der Euphrasius-Basilika von Poreč, die atemberaubende Renaissancepracht der Kathedrale von Šibenik, die mittelalterlichen Kirchenfresken von Beram, den römischen Kaiserpalast von Split oder gar das Gesamtkunstwerk Dubrovnik! Kroatien ist unermesslich reich an Kunstschätzen, nehmen Sie sich bei allem Freizeit- und Genussangebot auch dafür Zeit!

Apropos Freizeit – nirgendwo genieße ich es so sehr zu schwimmen und zu schnorcheln wie in Kroatien. Man sieht viele Meter tief bis zum Grund auf eine artenreiche Unterwasserwelt. In Begleitung erfahrener Guides ertauche ich auch gern gesunkene Wracks. Manchmal wandere ich durch die Wildnis des Velebit-Nationalparks oder paddle in einem Seekajak auf den Elaphitischen Inseln von Bucht zu Bucht. Abends wird überall gefeiert: in den schicken Klubs von Zagreb ebenso wie in den Beachlounges von Hvar, am Party-Strand von Pag oder in den Altstadtbars von Dubrovnik. Und wenn mir der Sinn nach ruhigerer Unterhaltung steht, genieße ich klassische Konzerte in der Kulisse mittelalterlicher Klöster oder barocker Paläste.

Wo anfangen angesichts des riesigen Angebots – Sie haben nun die Qual der Wahl! Oder Sie machen's wie ich, nehmen eine Fähre und steigen aus, wo Kroatien Ihnen zuruft: *dobrodošli*, willkommen!

Korčula war schon in der Antike das Ziel vieler Reisen

WAS STECKT DAHINTER?

Die kleinen Geheimnisse sind oftmals die spannendsten. Hier werden die Geschichten hinter den Kulissen erzählt.

WARUM GIBT ES IN DEN TURIST INFOS KRAWATTEN ZU KAUFEN?

Weil die Kroaten die Krawatte erfunden haben! Besser gesagt, sie haben den Binder schick geknotet als Teil ihrer Armeeuniform getragen. Als Ludwig XIV. 1663 ein kroatisches Regiment mit diesem Binder sah, verordnete der modebewusste König das schicke Styling seinem Hofstaat, und aus *à la croate,* auf kroatische Art, wurde die Krawatte.

WARUM GLÄNZT GRGUR NINSKIS ZEH?

Angeblich bringt es Glück, wenn man den rechten großen Zeh der 10 m hohen Statue des kroatischen Bischofs in Split › S. 96 berührt, der im 10. Jh. viel für die Verbreitung des Christentums in Kroatien getan hat. Außerdem, so heißt es, werde man dann eines Tages nach Split zurückkehren! Zu finden ist die auffällige Statue mit ihrem blank polierten Zeh, die der bekannte kroatische Bildhauer Ivan Meštrović gefertigt hat, vor dem Nordtor des Diokletianpalastes, der Porta Aurea.

WARUM GIBT ES EIN MARCO-POLO-HAUS AUF KORČULA?

Zwei Hinweise lassen die Kroaten vermuten, Marco Polo sei einer der ihren gewesen: Erstens wurde er 1228 nicht weit von Korčula bei der Seeschlacht von Curzola von den Genuesern gefangengenommen, und zweitens ist der Nachname Polo auf Korčula weitverbreitet. Flugs wurde ein mittelalterliches Anwesen in Korčula-Stadt zum Marco-Polo-Haus erklärt. Ob der Asienreisende aber wirklich darin lebte, ist bis heute umstritten.

WAS BEDEUTET »BOG«?

Im Alltag soviel wie »hallo, tschüss, servus« … zugleich aber auch Gott. Die Lieblingsbegrüßung und -verabschiedung von guten Bekannten oder Freunden ist eine verkürzte Fassung des Grußes *s bogom* oder *idi sa bogom,* was soviel bedeutet wie »geh mit Gott«.

WARUM STEHT BOŠKARIN-FLEISCH SO SELTEN AUF DER SPEISEKARTE?

Die autochthone, istrische Rinderrasse *boškarin* galt Mitte des 20. Jhs. als ausgestorben. Die Dienste des kräftigen und ausdauernden Rindes mit den langen Hörnern wurden einfach nicht mehr gebraucht. Dann entdeckten Gourmetköche den besonderen, leicht an Wild erinnernden Geschmack des Fleisches, und ein *boškarin*-Boom war die Folge. Doch nur Köche, die einen speziellen Kurs absolviert haben, dürfen *boškarin* zubereiten; deshalb ist es auf Speisekarten nicht so häufig zu finden.

50 DINGE, DIE SIE ...

Hier wird entdeckt, probiert, gestaunt, Urlaubserinnerungen werden gesammelt und Fettnäpfe clever umgangen. Diese Tipps machen Lust auf mehr und lassen Sie die ganz typischen Seiten erleben. Viel Spaß dabei!

... ERLEBEN SOLLTEN

1 Ab in die Unterwelt Zu Fuß durch die Höhle Baredine bei Poreč › S. 57. In der Dunkelheit warten bizarre Tropfsteine und der blinde Grottenmolch (Nova Vas, Poreč, www.baredine.com, April, Okt. 10–16, Mai, Juni, Sept. 10–17, Juli, Aug. 10–18 Uhr, 75 Kn).

2 Nervenkitzel An einem Drahtseil in 100 m Höhe über der Paziner Schlucht › S. 62 zu schweben, erfordert Mut! Doch der Ausblick auf die bizarren Karsthöhlen aus der Vogelperspektive lohnt sich (Zipline, Šime Kurelića 4, Hotel Lovac, ab 120 Kn).

3 Tosender Wasserfall Bei den Skradinski Buk zu baden, ist ein ultimatives Erlebnis. Wer schon morgens um 8 Uhr an den Krka-Wasserfällen › S. 93 ins kühle Wasser taucht, hat die paradiesische Landschaft meist ganz für sich allein.

4 Getrieben von der Strömung Helm auf und rein ins Gummiboot: Rafting auf der rasant durch ihren Canyon rauschenden Cetina › S. 112 zwischen Penšići und Omiš bringt drei Stunden Adrenalin pur (Kentona Rafting, Omiš, www.rafting-cetina.com, im Sommer tgl. 9 und 14 Uhr, 230 Kn pro Person und Fahrt).

Baden vor den imposanten Krka-Wasserfällen

5 Auf Grenzposten Steil klettern die Festungsmauern von Ston > S. 117 bergauf und bergab. Für den zweistündigen Rundgang brauchen Sie ausreichend Wasser und Kondition und genießen dafür vom höchsten Punkt ein Traumpanorama auf Mali Ston und Meer (8/9–15/19 Uhr, 70 Kn).

6 Buchten-Hopping Robinson-Feeling gefällig? Lopud > S. 130 eignet sich bestens fürs Seakayaking, denn die Elaphiten-Insel lässt sich bequem umrunden und lockt mit unberührten Buchten. Kajaks verleiht Lafodia Travel (Obala Iva Kuljevana 35, Lopud, 75 Kn/Std.).

7 Abtauchen Schiffswracks aus der Antike sowie die im »Unterwassermuseum« unter einem Käfig gesicherte Amphorenfracht vor Cavtat > S. 128 sind ein spannendes Ziel für Taucher (Epidaurum Diving & Water Sports Center, www.epidaurum.com, Tauchgang um 50 €).

8 Rausch der Geschwindigkeit Ein Top-Spot für Windsurf-Profis: die Wasserstraße zwischen Korčula und Orebić > S. 118 auf Pelješac. Vor allem bei Maestral, der verlässlich ab Mittag mit 4–6 Bft bläst, geht es zur Sache (Brett ab 15 €/Std., www.windsurfing-kitesurfing-viganj.com).

9 »Unter Geiern« Welch eine Kulisse für Winnetou und Old Shatterhand! Informationstafeln weisen auf Drehorte der Winnetou-Filme hin – bei der dreistündigen Wanderung durch die Schlucht Velika Paklenica > S. 84 zur Höhle Manita Peč.

Tauchen mit einem besonderen Kick

10 Paddeln und Baden Mirjana Rastoke bietet im Sommer ganztägige Kajaktouren an – vorbei an den Wasserfällen der Flusslandschaft bei Karlovac > S. 144, inkl. ausgedehnter Badestopps. Ideal auch für Kinder ab 6 Jahren (www.mirjana-rastoke.com, 48 € inkl. Mittagessen).

… PROBIEREN SOLLTEN

11 Spargel aus dem Wald Wenn im April und Mai die dunkelgrünen Triebe aus den sandigen Waldböden Istriens schießen, serviert die Konoba Bastia in Grožnjan > S. 58 wilden Spargel als *fritaja* mit Ei und Trüffel. Ein Genuss!

12 Die Aromen von Pag Salz, Kräuter, Olivenöl, so die Zauberformel, mit der sich auf Pag einfache Gerichte in kulinarische Sensationen verwandeln, z. B. der Wolfsbarsch im Bistro na Tale > S. 81.

⓭ **Füße im Sand** Wellen umspielen die nackten Füße und auf dem Tisch duften *Škampi na žaru* (Scampi vom Grill) nach Meer und Knoblauch. Dazu ein frischer Salat und ein Glas des frischen Weißweins Grk – das sind die Ingredienzen eines perfekten Inselurlaubs. Die Ribarska kučica in Bol › S. 110 macht vor, wie's geht.

⓮ **Das harte Brot der Ordensfrauen** Wenn Nonnen Plätzchen backen, kommt etwas ganz Besonderes dabei heraus. Die *Paški baškotini* aus dem Benediktinerkloster in Pag › S. 81 sind eine Art Zwieback, der zu Süßem wie Salzigem gut schmeckt und nahezu unbegrenzt haltbar ist – ideal für Seeleute! Zu kaufen ist er nur im Kloster (Samostan Sv. Margarite, Trg Kralja Krešimira).

Čevapčići, frisch vom Grill

⓯ **Muscheln im Teigmantel** Austern aus Ston sind eine Delikatesse, doch nicht jeder mag rohe Meeresfrüchte. In Dubrovniks › S. 122 netter Sushi-Bar Bota werden sie mit Tempurateig umhüllt. So schmecken sie auch Skeptikern (Od Pustijerne bb, www.bota-sare.hr).

⓰ **Schnäpse** Schnaps ist mitnichten Schnaps! Die Kroaten kennen unzählige Methoden, den häufig selbst gebrannten Rachenputzer zu veredeln. Mit Rosenblättern etwa wird er in der Region um Skradin angesetzt und *rakija od ruža* genannt. Die Bauern verkaufen ihn auf dem *tržnica* (Markt) von Šibenik D5 (1 Liter um 6 €, Ul. Ante Starčevića, Mo–Sa 6–13, So bis 11 Uhr).

⓱ **Gemüsesuppe – mit Seemannsgarn** Was macht eine typische *maneštra* aus? Viel Gemüse, Pasta, sämige Konsistenz und ein Kanten Weißbrot. So unverfälscht kommt sie in Rijekas Taverna Mornar › S. 67 auf den Tisch – alles andere würden die Einheimischen verschmähen.

⓲ **Marenda** *Iinćuni* (Anchovis), *girice* (winzige frittierte Fischchen), *hobotnica* (Tintenfisch) oder *brudet* (Fischeintopf) gehören zu einer *marenda,* einem preiswerten Mittagessen, dazu. Andere bevorzugen Čevapčići vom Grill oder deftiges Gulasch. Ganz gleich wie: Für etwa 6,50 € werden Sie z. B. in Šibeniks › S. 91 Lokal Marenda gut satt – der Name des Lokals ist Programm (Nove crkve 9).

In der traditionellen Peka wird das Lamm direkt in der Glut zubereitet

19 Bauernschmaus Aus der ländlichen Küche des Zagorje sind sie nicht wegzudenken: *štrukli,* die man entweder gekocht oder gebraten zubereitet. Basis ist ein mit Frischkäse, Ei und Rahm gefüllter Strudelteig. Ungesüßt als Einlage in Suppen oder Beilage zu Pilzgerichten einfach grandios! Unübertroffen sind sie im Lanterna na Dolcu in Zagreb > S. 134 (Opatovina 31, www.lanterna-zagreb.com).

20 Köstliches unter der Glocke Die Peka – meist wird in der schweren Eisenpfanne unter einer gusseisernen Glocke auf der Glut zartes Lamm zubereitet. Küchenchef Jakov vom Kaštil Gospodnetić > S. 110 auf Brač füllt sie mit Tintenfisch, den er mit Inselaromen veredelt.

... BESTAUNEN SOLLTEN

21 Kleinste Steinchen Die Mosaiken in der Porečer Euphrasius-Basilika > S. 57 sind atemberaubend schön. Noch wesentlich beeindruckender sind die frühchristlichen Exponate im Museum, z. B. das zierliche Mosaikfischchen gleich am Eingang links.

22 Mord und Totschlag in Dubrovnik Ein Muss für jeden Fan der TV-Serie »Game of Thrones«: die Dubrovniker Festung Lovrijenac > S. 122, die eine tragende Rolle in dem blutigen Fantasy-Spektakel spielt. Zu ihren Füßen, an der Bucht Blackwater, landen die Schiffe des Königs an, und hinter den wehrhaften Mauern liegt das mystische King's Landing.

23 Im Frühtau zu Wasser Die Plitwitzer Seen › S. 82 im Hochsommer – ein Graus! Aber wer um 7 Uhr morgens am Parktor steht, hat die Seen und Kaskaden zwei Stunden lang fast ganz für sich alleine.

24 Rijekaführung virtuell Rijeka › S. 66 ist hip, nicht nur in puncto Kneipen. Es führt seine Besucher per App »Rijeka Connect« durch die Stadt, informativ und in vielen Sprachen (gratis für iPhone und Android).

25 Römisches im Verborgenen Kaiserpalast, korinthische Säulen und ägyptische Sphingen sind das römische Erbe Splits. Und die Kassettendecke über dem Baptisterium › S. 98 – zu Diokletians Zeit überwölbte sie den Jupitertempel.

26 Eine besondere Laune Gottes Aus Sternen, Tränen und göttlichem Atem schuf er die Kornaten › S. 91. Die Fahrt durch den Archipel enthüllt faszinierende Formationen wie die 82 m steil aus dem Meer ragende Felswand von Kolobučar, in der Graufalken nisten. Einsame Steinhäuser sprenkeln winzige Eilande, und überall sieht man die Zeichen der landwirtschaftlichen Nutzung: uralte Olivenbäume und Steinmauern zum Schutz der Schafherden.

27 In Stein gehauenes Wimmelbild Steinmetze erzählen Menschheitsgeschichte: Am Portal der Kathedrale von Trogir › S. 94 handeln 100 Figuren dicht gedrängt christliche Themen ab, vom Sündenfall bis zur Geburt Christi ... und das nicht ohne eine gewisse bäuerliche Komik.

Morgens früh ist es noch ruhig an den Plitwitzer Seen

28 Jetset-Beachlife Die Sonnenliege ist ein riesiges Bett, Loungesound perlt aus den Boxen, Pseudo-Promis räkeln sich in der Sonne – den Carpe Diem-Beach auf Marinkovac vor Hvar > S. 114 muss man mal gesehen haben.

29 Das istrische Bethlehem Mit einem kunterbunten »Bilderbuch« hat Meister Vinzenz die Marienkirche bei Beram > S. 63 bemalt. An der Nordwand reiten die Hl. Drei Könige durch eine typisch istrische Landschaft zum Jesuskind.

30 Liebeskummer museal In Zagrebs Museum der Zerbrochenen Beziehungen erzählen Symbole der Trennung, u.a. eine Axt und ein Glaspferdchen, von verflossenen Lieben (Ćirilometodska 2, Zagreb, www.brokenships.com, Sommer tgl. 9–22.30, sonst 9–21 Uhr, 40 Kn). D2

... MIT NACH HAUSE NEHMEN SOLLTEN

31 Großmütterchens Öl Jolanta Pavlović aus Savudrija hat es geschafft! Ihr Olivenöl »Oma Jola's« wurde als erste istrische Sorte biozertifiziert (0,5 l ca. 13 €, Crveni vrh, Savudrija, www.omajolas.com). A3

32 Trüffeln für Faule Wozu ganze Trüffeln kaufen und mühevoll frisch halten – Gianfranco Zigante > S. 64 verkauft sie zur intensiv duftenden Paste Tartufata verarbeitet, mit der es sich ganz vortrefflich würzen lässt (180 g ca. 20 €).

Lavendel satt auf Hvar

33 Strandgut kreativ In den Klüften, Gumpen und Spalten der Felsstrände um Novigrad > S. 58 verbergen sich vom Meer abgeschliffene, Schneckengehäuse, Steine in vielen Farben, Muschelschalen … Suchen und Sammeln macht der ganzen Familie Spaß.

34 Lavendel, Lavendel Die herrlich duftenden Lavendelsäckchen gibt es allerorten zu kaufen. Dabei ist das »Ernten« wilder Pflanzen, z.B. rund um das Dorf Brusje auf der Insel Hvar > S. 114 viel lustiger – und es ist tatsächlich Lavendel!

35 Gut gewürzt Ein Geheimnis der kroatischen Küche heißt Vegeta. Das mit aromatischen Kräutern angereicherte Würzpulver bekommt man in jedem Supermarkt.

36 Blau-weiß gestreift Die schönen Handtücher des slowenisch-kroatischen Labels Aqua F6 erinnern einen daheim an herrliche Tage am Strand (Obala Vinka Paletina 5, Korćula, www.aquamaritime.hr).

37 Bittersüß Kandierte Schalen von Bitterorangen, eine jahrhundertealte Dubrovniker Tradition. Die Bäuerinnen bereiten die aromatische Verführung selbst zu und verkaufen sie auf dem Markt an der Gundulićeva poljana › S. 126 (Mo–Sa 8–12 Uhr).

38 Salzgärten Feines, nach uralten Methoden in den Salinen von Pag › S. 81 handwerklich gewonnenes Meersalz und die Salzblüte Fleur de Sel sind mineralienreich und gesund. Verkauft wird es in Supermärkten wie Konzum, z. B. in Biograd na Moru (Dr. Franje Tuđmana 82).

Kandierte Orangenschalen

39 Güldene Hänger *Rečini* heißen die typischen Ohrringe aus Dubrovnik › S. 122: goldene, filigran gearbeitete Kugeln, die einige Goldschmiede heute noch nach traditionellen Vorbildern herstellen, z. B. Križek (Boškovićeva 2, www.krizek.hr, Ohrringe 400 €).

40 Wehmütige Weisen Möchten Sie dalmatinische Stimmung mit nach Hause nehmen? Dann ist eine CD der beliebten Gruppe Klapa Intrade das Richtige, möglichst mit dem Dauerhit *Croatio iz duše te ljubim*. Zu kaufen in vielen Souvenirshops oder bei »petit books & gifts« in Pula › S. 61 (Kandlerova 24, www.petit-books.com).

... BLEIBEN LASSEN SOLLTEN

41 Den Wind unterschätzen Wenn die Bora das Meer aufpeitscht, ist keine Zeit für Mutproben. Rein mit dem Boot in den nächsten Hafen und an Land gehen – alles andere wäre lebensgefährlich.

42 Wasser verschwenden Im Sommer ist Wasser Mangelware; Verschwendung durch endloses Duschen ist rücksichtslos und kostet die Vermieter teures Geld.

43 Bedrohte Muscheln essen *Datteri* oder *prstaci*, Pfahlbohrmuscheln, stehen unter Naturschutz – angeboten werden sie natürlich trotzdem. Unter der Hand, versteht sich. Lehnen Sie lieber ab!

Nichts wie an Land, wenn die Bora droht

44 Barfuß ins Meer gehen So verlockend das glasklare Wasser an den Felsstränden glitzert – gehen Sie nicht ohne Badeschuhe hinein. Die tückischen Seeigel warten nur darauf!

45 Kriegsgeplänkel Bis heute sind die Wunden des Jugoslawienkriegs nicht verheilt. Über die Rolle Kroatiens in den Auseinandersetzungen spricht man besser nicht, und auch nicht über die des international umstrittenen Nationalhelden Franjo Tuđman.

46 Bizarre Kulinarik Das Restaurant Johnson in Mošćenice unweit von Lovran › S. 66 wird von Gourmets für eine Spezialität besonders gerühmt: Die feinen Kvarner Scampi werden lebend serviert, der Gast reißt den Kopf ab … guten Appetit. Schade, denn dieses Restaurant hätte so krude Publicity nicht nötig!

47 Im Sommer zündeln Waldbrände vernichten jedes Jahr Teile der Küsten- und Inselflora – eine achtlos weggeworfene Zigarette kann Katastrophen auslösen.

48 Auf der Adria-Magistrale rasen Die früher extrem unfallträchtige Küstenstraße ist zwar zum Teil ausgebaut, aber nach wie vor bilden sich hinter Bussen und Lkw lange Kolonnen. Üben Sie sich in Geduld!

49 Spontan auf eine Fähre wollen Zumindest im Sommer keine gute Idee – dann sind sie heillos überlastet und endlose Wartezeiten fast immer die Folge.

50 Kirchenbesucher stören Die meisten Kroaten sind sehr fromm. Rücksichtsloses Knipsen, unangemessene Kleidung oder gar laute Gespräche sollten Sie in Gotteshäusern unterlassen.

Ein Ausflug im Seekajak zeigt
neue Perspektiven

REISEPLANUNG & ADRESSEN

DIE REISEREGION IM ÜBERBLICK

Kroatien blickt auf eine lange touristische Tradition zurück. Kein Wunder, angesichts der reizvollen Vielfalt an Natur und Kultur zwischen Küste und Karst, Römern und k. u. k.

Die Altstadt von Rab liegt auf einer schmalen Landzunge

Dieses landschaftliche Kontrastprogramm spiegelt sich auch in den Reiseregionen wider, beginnend im Norden mit **Istrien** und der **Kvarner Bucht.** Die Halbinsel Istrien lockt mit dem reizvollen Kontrast zwischen mediterraner Küstenlandschaft, gesäumt von venezianischen Städtchen sowie Kies- und Felsstränden, und dem bäuerlich geprägten Hinterland, in dem Oliven und Weinreben reifen und die historischen Siedlungen wehrhaft auf Hügeln thronen. Die südöstlich anschließende Kvarner Bucht um das ehemalige k.-u.-k.-Kurbad Opatija ist mit mildem Klima gesegnet. Das kommt auch den Inseln Cres, Lošinj, Krk und Rab zugute, die zu den beliebtesten Urlaubszielen Kroatiens zählen.

In **Norddalmatien** zwischen Senj und Split verschwimmen die Unterschiede zwischen Festland, Meer und Inseln. Langgestreckt und schmal begleiten Pag und Dugi Otok die Küste, die das Velebit-Gebirge beherrscht und vor kalten Winden schützt. Mehrere Nationalparks laden Aktivsportler ein, wie Paklenica und Plitvice zum Wandern, Klettern oder Kanufahren, das Kornaten-Archipel zum Tauchen und Segeln. Ein Kunst-Feuerwerk von Romanik bis Renaissance entzünden die Städte Zadar, Trogir und Šibenik; auf römischem Pflaster wandeln Sie in Split.

Inselhopping macht an der kroatischen Adria besonders viel Spaß

Das Zusammenspiel von tiefblauer Adria, hellgrauen Karstfelsen und den bunten Tupfen von Macchia, Lavendel und Weinreben prägt auch die Küste **Süddalmatiens.** Auf der Insel Brač erwartet der wohl berühmteste Strand Kroatiens, das »Goldene Horn«, Badende und Surfer mit feinem Kies und optimalen Windverhältnissen; auf der Nachbarinsel Hvar umschmeicheln Kaskaden von Lavendelduft die Gäste der eleganten Hotelanlagen. Die Insel Korčula ist berühmt für ihre hervorragenden Weine, und die Elaphiten-Inseln gelten noch als Geheimtipp für einen Individualurlaub. Strahlende Perle ist das UNESCO-Kulturerbe Dubrovnik.

Ein binnenländisches Kontrastprogramm bietet **Mittelkroatien** mit der Hauptstadt **Zagreb.** Die in eine waldreiche Hügellandschaft eingebettete Metropole zeigt sich im klassizistischen Gewand und besitzt zahlreiche hochkarätige Museen. Der Gebirgszug Medvednica oder das Städtchen Samobor sind an den Wochenenden beliebte Ausflugsziele der Zagreber. In Varaždin und Karlovac ist barocke Architektur zu bestaunen.

STRANDURLAUB IN KROATIEN

Auf eines müssen Sie in den meisten Badeorten Kroatiens verzichten: einen Sandstrand. Die kroatische Küste ist zumeist schroff und felsig, kleine Kies- oder Sandbuchten liegen häufig versteckt und sind nur per Boot zu erreichen. Deshalb wurden in vielen Ferienregionen felsige Küstenabschnitte mittels Betonplattformen begradigt, von denen aus Leitern ins Meer führen. Der Vorteil der Felsküste: Das Wasser ist von kristalliner Klarheit, ein Paradies nicht nur für Taucher und Schnorchler. Badeschuhe sind von Vorteil, um die unangenehme Begegnung mit Seeigeln zu vermeiden. Wer flache Kies- oder Kies-/Sandstrände bevorzugt, findet sie z. B. in Baška auf Krk, bei Crikvenica, an der Makarska-Riviera und auf Brač.

VON MARINA ZU MARINA

Es gibt kaum ein schöneres Segel- bzw. Bootsrevier in Südeuropa als die kroatische Adria zwischen Rijeka und Dubrovnik: 1185 Inseln, eine von Buchten und Halbinseln strukturierte Küste, kalkweißer Fels und dunkle Macchiamatten, venezianische Kirchtürme und Palmenpromenaden, Steineichen- und Olivenhaine sowie winzige Kiesbuchten – manch ein Seefahrer verliert sein Herz für immer an dieses Stückchen Meer.

DER SICHERE HAFEN

Mit einem eigenen Schiff kann man tagsüber einsame Buchten anlaufen, um ungestört zu baden, und abends in alten Hafenstädtchen anlegen. Die meisten Marinas liegen so zentral, dass die Küstenorts- oder Stadtzentren und die besten Restaurants meist nur wenige Schritte voneinander entfernt sind. Insgesamt gibt es entlang der Küste 58 Jachthäfen, 21 davon gehören zum Kroatischen Jachtklub ACI. Letztere sind hervorragend ausgestattet, u.a. mit Tankstelle, Stromversorgung, Läden oder Wäscherei. Meist sind ausreichend Liegeplätze vorhanden – außer im August. Dann sind vor allem die Häfen der Kvarner Inseln und der Kornaten heillos überfüllt; stundenlanges Anstehen zum Tanken macht den Bootsurlaub nervenaufreibend.

CHARTER ODER KREUZFAHRT

Segel- oder Sportbootführerscheinbesitzer haben die Qual der Wahl zwischen einem Heer von Agenturen, die Bootscharter vermitteln – und doch sind die besten Boote meist ziemlich schnell ausgebucht. Deshalb empfiehlt es sich, eine solche Reise zeitig zu planen und auch

Mit seinem Inselreichtum ist Kroatien das perfekte Revier für Segler

das gewünschte Schiff frühzeitig zu reservieren. Landratten ohne entsprechendes Kapitänspatent können sich einem der vielen Segeltörns anschließen, die von diversen Reiseveranstaltern angeboten werden.

- **i.D. Riva Tours**
  Hier gibt es alle erdenklichen Bootstouren durch die Inselwelt.
  Neuhauser Str. 27 | 80331 München
  Tel. 089/2 31 10 00
  www.kroatien-idriva.de
- **Nautic-Tours**
  Ein weiterer zuverlässiger Bootsmakler.
  Recklinghäuser Str. 119
  45721 Haltern am See
  Tel. 023 64/5 08 89 90
  www.nautic-tours.de
- **Nautika Centar Nava** E5
  Nautica Centar Nava bietet gute Boote und Segelkurse in Split, ein guter Ausgangspunkt für Törns an der dalmatinischen Küste.
  Uvala Baluni 8 | 21000 Split
  Tel. 021/40 77 00 | www.navaboats.com

EIN PARADIES RUND UMS BOOT

Ideal für Segler und Motorbootfahrer sind die Inseln des Kornaten-Archipels › S. 91. Im Sommer öffnen auf den sonst unbewohnten Eilanden Restaurants und Klubs mit Bootsparkplätzen, wie die beliebte **Konoba Opat** auf Kornat. Entspanntes Segeln um grüne Oasen bieten die Elaphitischen Inseln › S. 129 zwischen Dubrovnik und Pelješac. Hier sollte man die **Konoba kod Marka** auf Šipan anlaufen, mit Bootsanleger und der wohl besten Küche weit und breit.

Per Boot zum Traumstrand

- **Konoba kod Marka** €€€ G6
  Šipan | Tel. 020/75 80 07
- **Konoba Opat** €€ C5
  Kornat | Mobil-Tel. 091/224 78 78
  www.opat-kornati.com

INFORMATIONEN ZU NAUTIK UND MARINAS

- Für Bootskapitäne bietet die Webseite des ACI, www.aci-marinas.com, gute Informationen und Adressen zur Nautik in Kroatien sowie Links zu den dem ACI angeschlossenen Marinas mit detaillierten Beschreibungen.
- Nützliche Informationen erhalten Segler und Motorbootfahrer auch unter www.croatia.hr, bei der Kroatischen Zentrale für Tourismus oder in der Broschüre »Informationen für Nautiker«, herausgegeben von der Kroatischen Zentrale für Tourismus › S. 153.
- Ein Standardwerk für Bootsfahrer: K.-H. Beständig: **Kroatien, Slowenien & Montenegro, 888 Häfen und Buchten,** 2018/2019, 29,90 €.

KLIMA & REISEZEIT

KLIMAREGIONEN

Entlang der Küste genießt man in Kroatien schönstes Mittelmeerklima mit langen, warmen Sommern, einem kurzen, regnerischen Winter und den milden Übergangszeiten – doch ab und an verdirbt der Fallwind Bora den Spaß. Erbarmungslos fegt er die der Küste zugewandten Seiten der vorgelagerten Inseln kahl. So plötzlich, wie der Nordostwind auftaucht, verschwindet er auch wieder und lässt frostige Temperaturen zurück.

Ein eigenes Mikroklima prägt die Gebirge entlang der Küste wie das Velebit oder den Gebirgszug um den Risnjak im Kvarner. Hier bleibt es auch in den heißen Sommermonaten etwas kühler; gelegentlich fällt sogar Regen.

Kontinental gibt sich dagegen das Wetter Zentralkroatiens, die Winter sind hier länger als an der Küste und auch mit Schnee gesegnet, im Frühjahr und Herbst empfängt die Natur reichlich Regen und der Sommer ist heiß. Beide Regionen sind im Frühjahr und Herbst am schönsten, wenn man bei milden Temperaturen wandern und an der Küste baden kann. Letzteres ist ab Anfang Juni und bis weit in den Oktober hinein möglich.

FERIEN UND FESTE

Zagreb und Mittelkroatien kennen keine Hochsaison – wenn Messen stattfinden, hat man es in Zagreb allerdings schwer, eine Unterkunft zu finden. Die ideale Reisezeit für Istrien und die dalmatinische Küste sind die Monate Juni bis September. Allerdings haben im Juli und August auch die Kroaten sowie ihre Nachbarn in Slowenien und Italien Ferien. Wer überfüllte Straßen und Strände sowie Höchstpreise für Unterkünfte vermeiden möchte, sollte zumindest zwischen 15. Juli und dem italienischen Ferragosto – dem

KLEINE WINDKUNDE

Kroatiens gefürchtetster Wind ist die aus nordöstlicher Richtung vom Festland aufs Meer blasende Bora. Der kalte Fallwind entsteht bei hohem Luftdruck und peitscht das Meer vor allem in der Kvarner Bucht, im Velebitski Kanal und in Süddalmatien auf. Ihr Gegenspieler ist der Jugo, ein warmer und feuchter Süd-/Südostwind mit Ursprung in Nordafrika, der ebenfalls das Meer aufwühlt und von Regen begleitet wird – am häufigsten kommt er im Winterhalbjahr vor. Der kühle Maestral bringt von Nordwesten meist schönes Wetter mit, häufig bläst er nur am Vormittag. Unangenehm, aber selten ist die Nevera, ein Unwetterbote vom Meer her aus dem Westen, der starke Wellen erzeugt. Bootsfahrer sollten deshalb die in den Marinas erhältlichen Wettervorhersagen beachten, die für mindestens drei Tage im Voraus abrufbar sind.

Wochenende um Mariä Himmelfahrt am 15. August – nicht an die Küste fahren. Nach Ferragosto reisen die Italiener heim, und auch Kroaten und Slowenen beenden die Saison am Meer.

Zur Saisonspitze ziehen auch zahlreiche Folklore- oder Musikfestivals Publikum an: Eine der stimmungsvollsten klassischen Konzertreihen, das Sommerfestival von Osor/Insel Cres (www.osorfestival.eu), findet ebenso im Juli und August statt wie die Klassikmusikabende in St. Donat/Zadar (www.zadar.travel). Nach Omiš sollte im Juni/Juli pilgern, wer den traditionellen dalmatinischen Gesang der A-capella-Chöre mag; dort treten die besten Klapa-Sänger Kroatiens auf (http://fdk.hr). Die althergebrachten Schwert- und Säbeltänze von Korčula sind ein farbenfrohes Spektakel, das von Juni bis September über die Bühne geht. Wenn Sie im Oktober reisen, empfiehlt sich ein Besuch in Lovran zur Marunada, dem Kastanienfest. Eine eigene Reise wert ist, laut den wahren Fans, der Karneval in Rijeka.

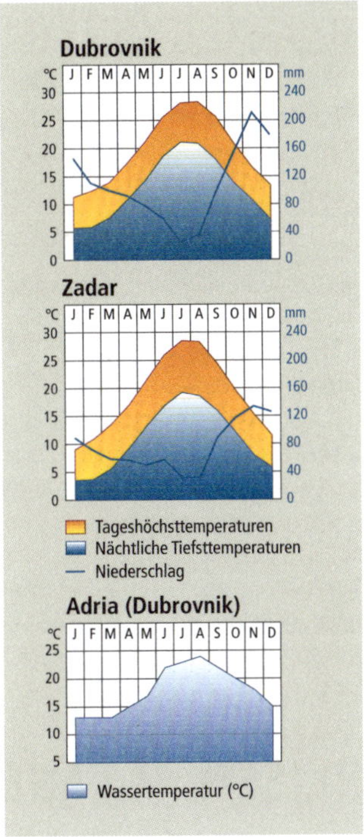

ANREISE

Die meisten Urlauber reisen mit dem Auto nach Kroatien. Schneller, bequemer und oft nicht teurer geht es mit dem Flugzeug.

Flugzeuge der Croatia Airlines fliegen u.a. ab Frankfurt, München, Wien und Zürich teils direkt, teils über Zagreb die Flughäfen Split, Pula, Rijeka, Brač, Zadar und Dubrovnik an (www.croatiaairlines.com). Charterflüge gibt es im Sommer nach Dubrovnik, Zadar, Pula und Rijeka. Den Linienflugverkehr nach Zagreb und Split bedient Lufthansa (www.lufthansa.de), Swiss (www.swiss.com) und Austrian Airlines (www.aua.com) fliegen ebenso nach Zagreb.

Mit dem **eigenen Kfz** erreicht man Kroatiens Küstenregionen entweder über die italienische Hafenstadt Triest und das slowenische Koper oder über Villach, Ljubljana und Rijeka. Das südliche Dalmatien ist über Zagreb und die inzwischen bis Ploče fertiggestellte Autobahn wesentlich schneller zu erreichen als auf der spektakulären Küstenmagistrale.

Per **Bahn** ist Kroatien mit vielen Städten Mittel- und Südeuropas verbunden. Nach Rijeka und Split verkehren moderne IC-Züge, gelegentlich muss man im slowenischen Ljubljana oder in Zagreb umsteigen. Auskünfte über ICs erhält man bei den Reisebüros oder auf den Websites der Deutschen Bahn (www.bahn.de) und für die Schlaf-/Liegewagenzüge (Nightjet) zwischen München und Zagreb bei den Österreichischen Bundesbahnen (www.oebb.at).

Linienbusse fahren regelmäßig von München, Stuttgart, Frankfurt/Main und Wien u. a. nach Zagreb, Split und Rijeka (Infos zu Zeiten und Preisen auf www.eurolines.de oder www.flixbus.de).

Autofähren zwischen Italien und der dalmatinischen Küste verkehren auf folgenden Hauptstrecken: Ancona–Split/Zadar (Jadrolinija/SNAV) und Bari–Dubrovnik (Jadrolinija). Nähere Informationen in den Reisebüros oder bei Jadrolinija › S. 29 sowie bei der Fährgesellschaft SNAV (www.snav.it). Online kann man u. a. auf dem Portal A Ferry (www.aferry.de) buchen.

REISEN IM LAND

MIT AUTO UND MOTORRAD

Die Verbindungen zwischen Rijeka, Split und Zagreb sind durch die neuen Autobahnen sehr gut, das Autobahnnetz und die aktuellen Mautpreise zeigt die Website www.hac.hr (auf Englisch). An der Küste ist die Magistrale Rijeka–Dubrovnik die wichtigste, stark befahrene und unfallträchtige Verkehrsachse. Die Nebenstraßen auf den Inseln und Halbinseln sind mitunter schmal und holprig. Die Kroaten fahren flott, aber meist rücksichtsvoll und regelkonform.

An fast allen Tankstellen gibt es sowohl bleifreies Benzin als auch Diesel (Pkw sollten Eurodiesel tanken); an großen Durchgangsstraßen sind sie meist 24 Std. geöffnet.

Es gelten folgende Geschwindigkeitsbeschränkungen: 50 km/h in Ortschaften, 90 km/h auf Regionalstraßen, 110 km/h auf Schnellstraßen und 130 km/h auf Autobahnen; Wohnmobile über 3,5 t außerorts 80 km/h. Beim Überholen muss während des gesamten Vorganges der linke Blinker eingeschaltet sein und von Oktober bis März tagsüber generell das Abblendlicht (Motorrad ganzjährig). Die Promillegrenze liegt bei 0,5, für Fahrer unter 25 Jahren generell bei 0,0. Ist man alkoholisiert in einen Unfall verwickelt, erlischt der kroatische Versicherungsschutz schon ab 0,1 Promille. Auto-/Motorradfahrer und -beifahrer müssen eine Warnweste tragen, wenn sie das Fahrzeug auf Straßen außerorts, z. B. wegen einer Panne, verlassen.

MIT BAHN UND BUS

Die Bahnverbindungen im kroatischen Binnenland sind gut, an der Küste hingegen kaum vorhanden. Bequemer und zeitsparender ist es, mit lokalen Bussen zu reisen. Die Fernbusse sind in der Regel klimatisiert, Stadt- und Lokalbusse dagegen nicht. Fahrkarten kann man auch im Bus kaufen. Bahn- und Bustarife sind deutlich günstiger als in Mitteleuropa. Für eine Strecke von 100 km zahlt man ca. 50 Kn. Infos über innerkroatische Verbindungen findet man unter www.arriva.com.

MIT SCHIFFEN UND FÄHREN

Ohne die Fähren der Jadrolinija läuft im Inselverkehr Dalmatiens nichts. Zwischen dem Festland und den Inseln bestehen regelmäßige Verbindungen; allerdings werden einige Strecken nur im Sommer befahren. Die Tickets für die meisten Verbindungen sind online auf www.jadrolinija.hr zu kaufen, beinhalten aber keine Platzgarantie. Wer also mit dem eigenen Fahrzeug reist, tut gut daran, besonders auf viel befahrenen Strecken in der Hochsaison zeitig am Hafen zu sein. Mit längeren Wartezeiten ist zu rechnen. Alle wichtigen Informationen zu Fährverbindungen in Kroatien gibt es bei **Jadrolinija** B3 (Riva 16, 51000 Rijeka, Tel. 051/66 61 11, www.jadrolinija.hr).

Die Schiffe der Jadrolinija sorgen für den Transport zwischen Festland und Inseln

DAS BESTE AUS KROATIEN

Chloé packt gerade eine Lieferung feiner Schokoladen aus, als ich sie in ihrem Laden auf der Insel Hvar besuche. »Za pod zub«, wörtlich übersetzt »Etwas Gutes für zwischen die Zähne« – der Name des Delikatessengeschäfts in einer Altstadtgasse von Stari Grad trifft es genau: Chloé verkauft Köstliches von Oliven bis Wein, von Schokolade bis Käse. In ihrem Geschäft duftet es wie in einem orientalischen Bazar.

»Alles Bio«, lacht Chloé, wobei nicht jede eingelegte Olive oder jeder Käse im Geschäft ein offizielles Zertifikat trägt. Aber Chloé kennt ihre Produzenten persönlich. Kroaten haben seit jeher eine Art Biolandwirtschaft betrieben: In ihrem eigenen Garten gab es und gibt es keine Pestizide oder genmanipulierten Pflanzen. Für das Gedeihen sorgt Mutter Natur.

Chloé ist stolz auf ihre Bio-Waren

Um diese traditionell arbeitenden Landwirte aufzuspüren, unternimmt Chloé einmal im Jahr eine große Tour. Kroatien hat eine reiche gastronomische Tradition, vieles wird noch in Familienbetrieben hergestellt. Ein Ergebnis der letzten Reise sind besagte Schokoladen einer kleinen Zagreber Manufaktur. Schmelzzart! Übrigens von einem jungen Start up. Die Arbeitslosigkeit ist hoch in Kroatien, vor allem junge Akademiker bekommen das zu spüren. Da bietet ein eigenes Geschäft eine neue Zukunftsperspektive.

Die Türglocke bimmelt, ein österreichisches Paar auf der Suche nach einem gastronomischen Souvenir sieht sich im Laden um. »Wie wäre es mit Safran von der Insel Hvar«, schlägt Chloé vor, angebaut von ihrer Familie an einem geheimen Ort – die Pflanzen sind kostbar. Es wäre mal etwas Anderes als die künstlich aromatisierten Lavendelsträuße, die die Souvenirstände auf der Insel inflationär überschwemmen.

Ich kaufe schwarze Oliven in Knoblauchöl von der Nachbarinsel Brač, feinen *pršut* (Schinken) aus Istrien und eine dieser unwiderstehlichen Schokoladen. Zum Abschied spendiert mit Chloé ein hausgemachtes Eis, Pfirsichgeschmack. Unbeschreiblich!

- **Za pod Zub** E6

  Srinjo kola 11 | Stari Grad | Insel Hvar
  Mobil-Tel. 095 819 77 92 | www.zapodzub.com | in der Saison tgl. 9–20.30 Uhr, Winter eingeschränkt

SPORT & AKTIVITÄTEN

Tagelanges Sonnenbaden am Strand ist out, Urlaub mit Bewegung in der freien Natur oder sportliche Aktivitäten stehen heute auch bei Kroatienurlaubern hoch im Kurs, und die Tourismusverbände haben sich längst darauf eingestellt.

Die Küstenregion bietet ein schier unerschöpfliches Angebot an Sportarten, wobei der Wassersport natürlich dominiert. Man kann aber auch wandern, mountainbiken, klettern, paragliden ... Praktische Tipps und interessante Hinweise zu den Wassersportarten an der Adria finden sich auf der Website der Kroatischen Zentrale für Tourismus › S. 153 (www.croatia.hr).

SEGELN & MOTORBOOTFAHREN

Längst hat sich herumgesprochen, dass die kroatische Küste zu den besten Segelrevieren der Welt zählt. In dalmatinischen Gewässern tummeln sich Bootseigner und Freizeitkapitäne, die Jachten über spezielle Reiseveranstalter chartern. Auch mit Motorbooten kann man die Küsten erkunden. Infos über Bootscharter › Seitenblick S. 24.

SPORTTAUCHEN & SCHNORCHELN

Lange Abschnitte der kroatischen Festlands- und Inselküsten bestehen aus Fels, Karst oder Kieselstränden – eine Einladung zum Tauchen und Schnorcheln, da keine aufgewirbelten Sandpartikel das Wasser trüben. Vor den Inseln präsentiert sich das Meer so kristallklar, dass man Gegenstände in mehr als 50 m Tiefe noch erkennt.

Die steilen Bergstraßen sind eine Herausforderung für Mountainbiker

In vielen Tauchzentren kann man die Ausrüstung ausleihen und Kurse belegen. Wer auf eigene Faust tauchen will, muss sich bei den Basen eine Tauchgenehmigung ausstellen lassen (100 Kn). Für individuelle Tauchaktivitäten benötigt man eine Sondergenehmigung (2400 Kn). Tipps zu kroatischen Tauchrevieren und empfehlenswerten Schulen findet man im Internet unter www.croatia.hr und www.ronjenjehrvatska.com.

WINDSURFEN

Surfreviere haben Istrien und Dalmatien wie Sand am Meer. Insider sind vor allem von den Buchten der Insel Brač südlich von Split, der Halbinsel Pelješac nördlich von Dubrovnik und der Landzunge Premantura bei Pula begeistert. Informationen erhält man bei den Touristeninformationen der jeweiligen Küstenorte und auf www.surfspot.de; Ausrüstung lässt sich vor Ort leihen.

SPANNENDE AKTIVITÄTEN

- Den letzten Kick suchen und finden **Windsurfer** an der Südspitze Istriens bei **Premantura** und bei Winden aus Richtung NNO und SSO. > S. 61
- Bis heute leben Braunbären und Wölfe im **Risnjak-Nationalpark,** der mit seiner unberührten Waldlandschaft fantastische **Wandererlebnisse** verspricht. > S. 67
- Eine ausgesprochen reizvolle **Fahrradtour** verläuft über die Insel **Dugi Otok** auf 43 km von Sali bis nach Veli Rat. > S. 80
- Eine spektakuläre Schlucht lädt bei **Omiš** zu atemberaubenden **Kletterpartien** ein, 40 Kletterrouten sind ausgewiesen. > S. 111

KANUFAHREN & RAFTING

Die kroatischen Flüsse erfreuen sich bei Wildwasserfahrern immer größerer Beliebtheit. Mehrere Veranstalter bieten Raftingtouren auf der Cetina bei Omiš an, darunter auch Slaptours. Die Agentur Huck Finn von Zeljko Kelemen, Kroatiens berühmtestem Flussmann, organisiert alle Arten von Wassersport auf wilden und ruhigen Binnengewässern plus Seekajaktouren in der Adria. Hinzu kommen Wander- und Radtouren.

Huck Finn D2
- Ulica Grada Vukovara 271
  10000 Zagreb | Tel. 01/6 18 33 33
  www.huckfinncroatia.com

Split Adventure E5
- Matije Gupca 26 | 21000 Split
  Mobil-Tel. 091/182 89 95
  www.splitadventure.com

WANDERN, BERGSTEIGEN & KLETTERN

Am schönsten und unkompliziertesten ist das Wandern in den kroatischen Nationalparks: Rund um die Plitwitzer Seen, im Nordvelebit, im Krka- und im Paklenica-Nationalpark kann man grandiose Landschaften auf teils befestigten und

Mit dem Seekajak kommt man ganz nah an die schroffsten Klippen und Felsspalten

gut ausgeschilderten Wegen erkunden. Auch auf vielen Inseln der Kvarner Bucht und Dalmatiens sind schöne Wanderungen ausgewiesen.

Ein umfangreiches Outdoorprogramm bietet der kroatische Veranstalter **Adventure Dalmatia** (www.adventuredalmatia.com): Rafting, Canyoning, Freeclimbing und Trekkingtouren in der Cetina-Schlucht oder im Paklenica-Nationalpark eignen sich für Anfänger und Profis.

RADFAHREN

Für Pedalritter sind die Inseln mit ihren Sträßchen und Feldwegen ebenfalls ein wunderbares Revier. Manche Strecken sind so holprig, dass ein Mountainbike gute Dienste leistet. Verleihfirmen gibt es in den Badeorten. Wer organisiert mit dem Fahrrad inselhüpfen möchte, findet kombinierte Boots-/Fahrradtouren durch den Kvarner Golf und Dalmatien bei **i. D. Riva Tours** › S. 25.

UNTERKUNFT

Ganz gleich, ob man Hotelanlagen, Campingplätze oder kleine Privatzimmer bevorzugt: Das Angebot an Unterkünften in Kroatien ist riesig.

Die meisten Strandhotels haben drei oder vier Sterne und bieten guten Komfort sowie ein breites Freizeitprogramm. Da viele der mittlerweile renovierten Hotels aus den 1970er-Jahren recht hellhörig sind, sollten ruhebedürftige Gäste besser Zimmer verlangen, die abseits vom Hauptgeschehen liegen. Auf der Website der Kroatischen Zentrale für Tourismus › S. 153 kann man die Broschüre »Small and Family-run Hotels« herunterladen (www.croatia.hr). Das Preisniveau für Individualgäste ist hoch. Wer längere Zeit an einem Ort bleiben möchte, fährt günstiger, wenn er ein Pauschalarrangement bucht.

PRIVATZIMMER & APARTMENTS

Wer bei Privatleuten ein Zimmer oder Apartment mietet, kommt preislich deutlich günstiger weg als in Hotels. Ausstattung, Größe und Lage der Privatunterkünfte variieren natürlich sehr. Die Preise werden vom jeweiligen Tourismusverband nach Kategorien festgelegt. Man kann die Zimmer direkt anmieten oder sie sich von Reisebüros vermitteln lassen, online z. B. von www.wimdu.de oder www.airbnb.de.

PRIVATE HOTELS & PENSIONEN

Die Zahl kleiner privater Hotels und Pensionen ist in den letzten Jahren rasant gestiegen. Standard und Ausstattung unterscheiden sich sehr – man kann zwischen 5-Sterne-Luxus und einfacher Ausstattung, modernstem Design und bäuerlichem Mobiliar wählen.

CHARMEHOTELS

- Das nostalgische Hotel **Miramar** in Opatija pflegt Erinnerungen an die k.-u.-k.-Riviera. > S. 65
- Seebären und alle, die es noch werden wollen, finden im **Hotel Kanajt** in Punat/Krk eine ideal gelegene Unterkunft mit maritimem Flair. > S. 73
- Kühle Eleganz und raffinierter Luxus prägen das **Hotel Riva** in dem Städtchen Hvar. > S. 115
- Dubrovniks multikulturelle Vergangenheit erweckt das romantische Altstadthotel **The Pucić Palace** zum Leben. > S. 127
- Klein, exklusiv und familiär ist **Villa Vilina** auf der Elaphiten-Insel Lopud. > S. 130

FERIENHÄUSER

Alleinstehende Ferienhäuser und Villen sind hauptsächlich in Istrien und auf den Kroatien vorgelagerte Inseln im Angebot; ansonsten kann man Wohnungen, Haushälften oder Etagen mieten, in denen man mit dem Eigentümer unter einem Dach lebt.

- Ferienhäuser in Istrien bietet u. a. **Istrien Pur** an (Brigitte Müller, 52424 Motovun, Tel. 00385 (0) 52 68 15 18, www.istrien-pur.com B3).
- Ferienhäuser, -wohnungen und Villen an der dalmatinischen Küste und auf den Inseln hat www.kompas-villas.com im Programm.

CAMPING

Die Mehrzahl der über 200 Campingplätze Kroatiens sind von Mai bis September geöffnet. Eine rechtzeitige Buchung ist vor allem bei attraktiven Campinganlagen ratsam. In ihrer Ausstattung entsprechen sie internationalem Standard.

Auf der Website der Kroatischen Zentrale für Tourismus > S. 153 lässt sich ein Verzeichnis der Campingplätze herunterladen.Wild campen ist strengstens verboten!

FKK-Anhänger finden spezielle »Naturist«-Campingplätze, einer der schönsten Kroatiens ist der **Naturist park Koversada** A3 (Koversada, 52450 Vrsar, Tel. 052/80 02 50, www.maistra.com).

BESUCH IM LEUCHTTURM

Ein ganz besonderes Erlebnis sind Ferien im Leuchtturm, wie hier auf Palagruža

FERIEN IM LEUCHTTURM

Es gibt in Kroatien sehr originelle Unterkunftsmöglichkeiten. So findet man z. B. an der Küste rund ein Dutzend zu Ferienapartments ausgebaute Leuchtturmhäuser. Die meisten sind einige Kilometer von der nächsten Ortschaft entfernt und haben die Felsstrände direkt vor der Türe. Einer der Leuchttürme steht auf Porer an der Südspitze Istriens. Die kreisrunde, vegetationslose Insel mit nur 80 m Durchmesser liegt 1,5 Seemeilen vom Festland entfernt und ist ein beliebtes Domizil für Individualisten.

Wer sich für die ganz abgeschieden liegenden Leuchttürme wie Prišnjak (bei der Insel Murter) oder Palagruža (auf einer Klippe auf halbem Weg zwischen Kroatien und Italien) entscheidet, wird die Anwesenheit eines Leuchtturmwärters sicher begrüßen. Buchen kann man Unterkünfte in Leuchttürmen bei Hrvoje Mandekić (www.lighthouses-croatia.com, Tel. 021/39 06 09).

FREIZEITKAPITÄNE UND FISCHER

Der Kornaten-Nationalpark › S. 91 umfasst eine einzigartige Wasser- und Inselwelt. Auf den winzigen Eilanden lebten früher Fischer in einfachen Steinhäuschen, heute ziehen in den Ferienmonaten Touristen in die ländlichen Quartiere. Die Inseln werden regelmäßig von Versorgungsschiffen angelaufen, auf denen man alle nötigen Lebensmittel kaufen kann. Schöner ist es jedoch, ein Boot zu mieten und selbst zum Shopping nach Murter zu tuckern. Übernachtungen in alten Fischerhäusern auf den Kornaten vermittelt die **Agentur Arta** D5 (Podvrtaje 21, 22243 Murter, Tel. 022/43 65 44, www.murter-kornati.com).

Das lebhafte Kaptol-Viertel ist
Szene-Treff der Zagreber

LAND & LEUTE

STECKBRIEF

- **Fläche:** 56 594 km² Festland; 31 900 km² maritime Gebiete; 1185 Inseln
- **Bevölkerung:** 4,3 Mio. Einw., davon 90 % Kroaten, 4,5 % Serben
- **Bruttoinlandsprodukt:** 53 Mrd. € (2018)
- **Arbeitslosenquote:** 10 % (2018)
- **Beschäftigungsstruktur:** Landwirtschaft 2 %, Industrie 28 %, Handel und Dienstleistungen 70 %
- **Hauptstadt:** Zagreb, 790 000 Einw.
- **Größte Städte:** Split, 180 000 Einw.; Rijeka, 118 000 Einw.

- **Höchste Erhebung:** Dinara, 1830 m
- **Währung:** Kroatische Kuna, unterteilt in 100 Lipa
- **Landesvorwahl:** 00 385

LAGE

Kroatien erstreckt sich zwischen den südöstlichen Ausläufern des Alpenhauptkamms im Nordwesten bis hin zur Pannonischen Tiefebene mit der Donau im Osten. Im Westen konzentriert sich die adriatische Küsten- und Inselregion, deren Breite in Richtung Süden deutlich abnimmt. Parallel dazu erhebt sich in Nordwest-Südost-Richtung das Dinarische Gebirge. Das Adriatische Meer bildet die Seegrenze zu Italien, in puncto Landgrenze (Länge: 2197 km) haben die 1990er-Jahre Kroatien eine ganze Anzahl von Grenznachbarn beschert: Mit Ausnahme von Ungarn waren die heute autonomen Staaten Slowenien, Bosnien-Herzegowina, Serbien und Montenegro früher Teilrepubliken Jugoslawiens.

POLITIK UND VERWALTUNG

Kroatien ist seit 1991 eine Republik, deren Parlament *(sabor)* alle vier Jahre neu gewählt wird, das Staatsoberhaupt wird in direkter Abstimmung vom Volk bestimmt. Kroatien wurde lange von einer nationalkonservativen Regierung der Partei HDZ regiert. 2016 stürzte die Regierung über ein Misstrauensvotum. Die Neuwahlen 2016 brachten zwar keine klaren Mehrheiten, doch die nationalkonservative, christdemokratische HDZ wurde wieder stärkste Kraft und stellt seitdem mit Andrej Plenković den Premierminister. International bewies Kroatien den Willen zur Versöhnung durch seine Kooperation mit dem UN-Kriegsverbrechertribunal. Seit April 2009 ist Kroatien NATO-Mitglied, am 1. Juli 2013 erfolgte der EU-Beitritt.

WIRTSCHAFT

Kroatien musste zwischen 2008 und 2015 einen Rückgang des BIP pro Kopf in Höhe von 25 % verkraften. Seit 2015 wächst die Wirtschaft überproportional schnell und das Land gehört in dieser Hinsicht zu den Musterländern Europas.

Wichtigster Wirtschaftsfaktor an der Küste ist der Tourismus, von dem schätzungsweise über drei Viertel der Bevölkerung profitieren. In den letzten Jahren konnte der Tourismus kontinuierliche Zuwächse verbuchen, 2017 waren es fast 19 Mio. Urlaubsgäste aus dem Ausland, 3,7 Mio. davon kamen aus Deutschland, das entspricht einer Steigerung von 12 % zum Vorjahr. Die Einnahmen aus dem Fremdenverkehr schlagen mit rund 25 % des Bruttoinlandsprodukts zu Buche.

Den anderen Sektoren fällt der Übergang von der Plan- zur Marktwirtschaft schwerer, ausländische Investoren sind noch zurückhaltend. Als problematisch gilt nach wie vor der Industriesektor, dessen Modernisierung nach teils schweren Kriegsschäden bei den Betrieben (Aluminium- und Stahlwerke, Raffinerien und Maschinenbau) auch durch Missmanagement hinterherhinkt. Insgesamt lag der Anteil der Industrie am Bruttoinlandsprodukt 2018 bei etwa 27 %, während jener der landwirtschaftlichen Produktion auf 4 % sank.

Deutliche Ungleichgewichte gibt es in Kroatien bei der Außenhandelsbilanz, wo die Importe die Exporte weit übertreffen, sowie beim regionalen Wirtschafts- und Wohlstandswachstum, das sich deutlich auf die Küste und den Großraum Zagreb konzentriert.

BEVÖLKERUNG UND SPRACHE

Demografisch passt Kroatien ins Bild der Vielvölkerregion Balkan, auch wenn zu 90 % Kroaten innerhalb der Landesgrenzen leben. Mehr als halbiert hat sich seit den 1990er-Jahren der Anteil der Serben, die heute noch 4,5 % stellen. Hinzu kommen noch Minderheiten wie Bosnier, Ungarn und Slowenen mit Anteilen von jeweils unter 1 %.

Offizielle Landessprache ist das zur südslawischen Sprachfamilie gehörende Kroatisch, das je nach Region mit anderer Einfärbung gesprochen wird. An der Küste klingen viele italienische Lehnwörter aus der Sprachmelodie, gen Osten wird der weiche Singsang des Ungarischen spürbar, nach Süden hin der Einfluss des Serbischen. In den Touristenzentren ist eine Verständigung auf Deutsch oder Englisch möglich.

Bis heute wird ganz traditionell gefischt

GESCHICHTE IM ÜBERBLICK

Ca. 3000 v.Chr. Ausgrabungen bekunden die Besiedlung der Küstenregion im Neolithikum.

Um 1200 v.Chr. Einwanderung illyrischer Stämme aus Mitteleuropa, in Dalmatien siedeln sich die Delmaten an.

Ca. 100 v.Chr. Rom erweitert sein Reich in den ostadriatischen Raum und kontrolliert bis 535 auch das Hinterland.

305 n.Chr. Kaiser Diokletian dankt ab und zieht sich in seinen Palast nach Salona (heutiges Split) zurück.

614 Awaren und Slawen zerstören Salona, die Hauptstadt der römischen Provinz Dalmatien. Die slawische Besiedlung des Balkans dauert bis ins 8. Jh. an.

925 Tomislav, erster Herrscher Kroatiens, vereint Pannonien und Dalmatien zu einem Königreich.

Ab 1000 Die Seehandelsrepublik Venedig beginnt mit der Unterwerfung Dalmatiens.

1102 Tod des letzten kroatischen Königs Petar Snačić. Vereinigung des Reiches mit Ungarn.

1204 Ende der byzantinischen Herrschaft über Dubrovnik, das fortan einem venezianischen Gouverneur untersteht.

1353–1391 Der bosnische König Tvrtko erobert Süddalmatien bis Split.

1493 Die Türken unterwerfen Teile von Kroatien.

1537 Die Osmanen bedrängen das unter venezianischer Herrschaft stehende Dalmatien.

1573 Österreich schlägt den Aufstand kroatischer Bauern unter Matija Gubec nieder.

1699 Im Frieden von Karlowitz fällt Südkroatien an Österreich.

1797 Napoleon löst im Frieden von Campoformio die Republik Venedig auf, Istrien und Dalmatien fallen an Österreich.

1805 Dalmatien gerät unter französische Oberhoheit.

1815 Fast ganz Kroatien wird Teil der k.-u.-k.-Monarchie.

1918 Kroatien wird Teil des Königreichs der Serben, Kroaten und Slowenen (SHS).

1929 König Alexander (1934 ermordet) proklamiert das Königreich Jugoslawien.

1941 Nach dem Beitritt Jugoslawiens zum Dreimächtepakt entsenden Italien, Deutschland und Ungarn Truppen auf den Balkan. Unter Ante Pavelić, dem Führer der faschistischen Geheimorganisation Ustaša, entsteht der – von Hitler und Mussolini geduldete – »Unabhängige Staat Kroatien«.

1944 Josip Broz Tito organisiert den erbitterten Partisanenkampf gegen die deutsche Besatzung.

1945 Nach dem Sieg der Volksbefreiungsarmee werden Kroatien und Slowenien als Sozialistische Republiken unter dem Staatspräsidenten Josip Broz Tito wieder Teile Jugoslawiens.

1979 Ein starkes Erdbeben beschädigt Dubrovniks historisches Zentrum schwer.

1980 Nach Titos Tod zeichnet sich eine Neuordnung des politischen Systems auf dem Balkan ab.
1990 Freie Wahlen finden in Slowenien, Kroatien und Serbien statt. Annahme der neuen kroatischen Verfassung.
1991 In einem Referendum votieren 93,2 % der Bevölkerung für ein souveränes Kroatien. Das Land erkärt sich daraufhin für unabhängig.
1992 Schwere Artillerieangriffe auf Dubrovnik Ende Mai. Im September befreit die kroatische Armee Cavtat im äußersten Süden.
1995 Kroaten erobern von den Serben die Krajina im Hinterland der Adriaküste zurück. Unterzeichnung des Friedensabkommens von Dayton am 21. Nov.
1999 Kroatiens umstrittener Präsident Franjo Tuđman stirbt.
2003 Kroatien beantragt seine Aufnahme in die EU.
2007 Mit dem Beitritt Sloweniens und Ungarns zum Schengen-Abkommen wird Kroatien EU-Außengrenze.
2010 Kroatien und Slowenien stimmen dem internationalen Schiedsspruch im Grenzstreit um die Bucht von Piran zu.

Der Politiker Ivan Mažuranić ist auf dem 100 Kuna-Schein abgebildet

2011 Ex-General Ante Gotovina wird in Den Haag wegen Verbrechen gegen Serben in der Krajina zu 24 Jahren Haft verurteilt, 2013 aber freigesprochen.
2013 Am 1. Juli tritt Kroatien als 28. Staat der EU bei.
2018 Der Spruch des internationalen Schiedsgerichts hat die Piraner Bucht Slowenien zugesprochen, Kroatien verweigert aber die Umsetzung. Der Streit kommt vor den EuGH. Kroatiens Küsten erleben einen weiteren Touristenansturm, die Besucherzahlen steigen und steigen.

NATUR & UMWELT

GEOGRAFISCHE GLIEDERUNG

Landschaftliche Vielfalt prägt das Erscheinungsbild Kroatiens, ein großer Teil davon wird vom Karst geformt › S. 43. Beginnend im äußersten Nordwesten des Landes, erstreckt sich die tropfenförmige Halbinsel Istrien mit ihren fruchtbaren Böden, ihrer Hügellandschaft mit mediterraner Vegetation und den auf Hügelkuppen thronenden mittelalterlichen Städtchen –

seit langer Zeit eine der bevorzugten Ferienregionen an der Adria. Südöstlich anschließend öffnet sich der Kvarner Golf mit den großen, vorgelagerten Inseln Cres, Lošinj, Rab und Krk.

In Richtung Süden erstreckt sich ein stetig schmaler werdender Küstenstreifen bis ins Konavle-Tal südöstlich von Dubrovnik. Ihm vorgelagert sind mehr als 1200 Inseln unterschiedlichster Größe und Gestalt – Überbleibsel eines vor etwa 12 000 Jahren überschwemmten Festlandstreifens, dessen Täler nun als Wasserstraßen dienen. Ein schmaler Korridor führt von der Küstenregion nordöstlich von Senj hinüber nach Zentralkroatien, das mit der Flusslandschaft der Podravina und Posavina weit nach Osten ausgreift. Das Land wurde von den Sedimentablagerungen großer Flüsse wie der Kupa, der Drava und der Sava gebildet und wird intensiv landwirtschaftlich genutzt. Die Landschaften um die Hauptstadt Zagreb sind geprägt von Hügeln und Bergen, aus denen im Hrvatsko Zagorje (»Land hinter den Bergen«) um den Stadtberg Medvednica auch Thermalquellen sprudeln. Nach Südosten schließt sich das Pannonische Becken an, die flach-hügelige Kornkammer Slawonien mit ihren endlosen Maisfeldern und Eichenwäldern.

Als Wasser- und Klimascheide zwischen Ost- und Westkroatien erhebt sich parallel zur Küste das Dinarische Gebirge, das mit seinen schroffen Flanken die Adriaregion vor kalten Winden aus dem Nordosten schützt.

FAUNA UND FLORA

In der adriatischen Region von Umag im Norden bis Čilipi im Süden dominiert mediterrane Vegetation wie Zedern oder Zypressen. Die verkarsteten Gebiete sind von Macchia überzogen, wo im Kalkgestein Erde und Platz zum Wurzeln ist, wachsen auch Steineichen, Pinien und Aleppokiefern. In Istrien ziehen sich besonders an der milden Ostküste ganze Kastanienwälder die Hänge der Küstenberge empor, im Dinarischen Gebirge finden sich in den Tieflagen noch größere Waldgebiete mit Eichen, die mit zunehmender Höhe von Buchen und Kiefern abgelöst werden, wie im küstennahen Gorski Kotar oder um die Plitwitzer Seen. Der größte Teil Ostkroatiens zwischen Save und Drau wird intensiv landwirtschaftlich genutzt, sodass Wald- von Agrarflächen immer mehr zurückgedrängt wurden.

Das Dinarische Gebirge ist heute noch Rückzugsraum von Großwild wie Braunbär, Wolf, Luchs und Mufflon sowie von Greifvögeln wie Stein- und Schlangenadler. Auf der Insel Cres kann man mit Glück sogar Gänsegeier beobachten. Vielfältig ist die Reptilienwelt an der Adria (Eidechsen, Geckos, Schildkröten, Nattern, Ottern), das größte Säugetier dieser Region lebt im Wasser: Es sind die Delfine, die heute unter strengem Naturschutz stehen.

Die kroatische Adria ist sauber und artenreich, Korallen und Schwämme in rotgoldener Pracht besiedeln die Felsen, und dazwischen tummeln sich Doraden, Kraken und Zackenbarsche. Haie, die es in der Adria ebenfalls gibt, bekommt man nur selten zu Gesicht.

FABELLANDSCHAFT KARST

Die Karstlandschaften Kroatiens wirken nur auf den ersten Blick rau und abweisend

Zwischen Triest und Ljubljana beginnt mit dem Dinarischen Gebirge ein Ausläufer der Alpen, der Istrien und Dalmatien als natürliche Barriere vom restlichen Kroatien trennt. Aus der Entfernung erscheinen die mächtigen Rücken der zergliederten Gebirgszüge grau, öd und abweisend, aus der Nähe enthüllen sie einen ganz eigenen Reiz. Das Zauberwort, das diese schroffen Landschaften formt, heißt Karst. Der Begriff leitet sich von *kras*, dem slowenischen Namen der Hochebene oberhalb des Golfes von Triest, ab.

Die Entstehung von Karstlandschaften beruht auf chemischer Verwitterung. Mit Kohlensäure angereichertes Regenwasser greift nicht nur das ungeschützte Oberflächengestein an und modelliert es zu seltsamen Formen. Es sickert auch in das poröse Kalkgestein, gelangt durch Spalten in die Tiefe und wäscht verborgene Hohlräume aus. Wenn die Erdoberfläche darüber einbricht und trichterförmige Vertiefungen entstehen, nennt man diese Dolinen, wenn sie größer sind, Poljen. Oft weht der Wind darin Erde an, sodass die Bauern Felder anlegen können. Andere Formen der Karstlandschaften sind Karrenfelder, steinerne Wüsten aus bizarr gerillten und gezackten Felsen.

Berühmtestes Karstphänomen sind die Höhlen, von denen nur die wenigsten für Besucher zugänglich sind. Die fast vegetationslosen Karstflächen, auf denen nur Schaf- und Ziegenzucht möglich ist, sind meist das Ergebnis menschlichen Raubbaus: Von der Antike bis in die venezianische Ära wurden die Bergflanken abgeholzt, um Baumaterial und Brennholz zu gewinnen.

GESCHÜTZTE NATUR UND NATURSCHUTZ

Von den acht Nationalparks schützen vier – Risnjak, Paklenica, Nordvelebit und die Plitwitzer Seen – Berggebiete, drei – Kornaten, Mljet und Brijuni – Areale um Inseln und der achte einen Abschnitt des Krka-Flusses bei Šibenik. Ausgewiesene Naturschutzgebiete sind unter anderem die Insel Lokrum vor Dubrovnik, der Naturpark Medvednica bei Zagreb, das istrische Kap Kamenjak, an dem sich seit einiger Zeit wieder die von der Ausrottung bedrohten Mönchsrobben wohlfühlen, und das majestätische Velebitgebirge mit seiner artenreichen Flora und Fauna.

Wie sauber das Wasser der kroatischen Adria ist, belegen die 92 mit der Blauen Flagge ausgezeichneten Strände (www.blueflag.global).

KUNST & KULTUR

ARCHITEKTUR ZWISCHEN ROM UND HABSBURG

Mauerreste illyrischer Fluchtburgen gehören zu den ältesten Architekturzeugnissen Kroatiens. Mit der Eroberung durch die Römer im 2./3. Jh. n. Chr. begann eine neue Ära, deren eindrucksvollste Zeugnisse der Diokletian-Palast in Split und das Amphitheater in Pula sind.

Ab dem 11. Jh. kamen viele Küstenstädte durch florierenden Seehandel zu Wohlstand, dementsprechend repräsentativ wurde gebaut: In Zadar schuf man im 12./13. Jh. mit der Kathedrale St. Anastasia (Sveta Stošija) ein grandioses romanisches Gotteshaus. Die Zeit des Überganges von der Spätgotik zur Renaissance war wesentlich geprägt durch den Architekten und Bildhauer Juraj Dalmatinac (ca. 1420–1473). Sein Nachfolger als Dombaumeister in Šibenik war Nikola Firentinac (ca. 1440–1505), zu dessen schönsten Werken die Kapelle des hl. Johannes in der Kathedrale von Trogir gehört.

Während die Küstenregion florierte, ächzte das Binnenland unter der Bedrohung und dem Joch des Osmanischen Reiches. In Zentralkroatien wurden Festungsanlagen gebaut, wie die Festung Karlovac (16. Jh.) mit dem Grundriss eines sechszackigen Sterns. Erst als man die Türken 1699 endgültig zurückgedrängt hatte, erlebte das Land eine Phase des Aufschwungs. Im Stil des österreichischen Barock wurden Klöster, Kirchen und Paläste errichtet, in den Altstädten von Zagreb und Varaždin ist die verspielte Architektur noch heute das dominierende Element.

BILDHAUEREI UND MALEREI

Die Bearbeitung von Stein und Marmor beherrschte Meister Radovan perfekt: Sein 1240 gestaltetes Hauptportal der Kathedrale von Trogir mit Bibelszenen und Monatsdarstellungen gehört zu den bedeutendsten Werken europäischer Bildhauerkunst des Mittelalters. Als Architekt und als Bild-

Der berühmte Totentanz in der Kirche Sv. Marija na Škriljinah bei Beram

hauer tat sich Juraj Dalmatinac aus Zadar hervor, sein Meisterwerk ist der Jakobsdom von Šibenik. Ein weiterer renommierter Bildhauer war der Dalmatinac-Schüler Andrija Aleši, der 1467 für die Laurentius-Kathedrale in Trogir eine viel beachtete Taufkapelle schuf.

Erst im 20. Jh. machte ein kroatischer Bildhauer wieder international von sich reden: Ivan Meštrović (1883–1962), bekannt vor allem durch seine Indianer-Skulpturen in Chicago.

Eines der originellsten Zeugnisse der Malerei sind die Totentanzfresken im Kirchlein Sv. Marija im istrischen Beram, die 1474 der Meister Vinzenz von Kastav angefertigt hat.

Im 19. Jh. brachte es der dem Realismus verpflichtete Juraj Pavlović in erster Linie mit seinen Porträtmalereien zu Rang und Namen. Die heimatliche Landschaft des Zagorje bildete Ljubo Babić (1890–1974) ab. Weit über die Grenzen Kroatiens hinaus wurde Ivan Generalić (1914–1992) mit seiner Naiven Malerei (Schule von Hlebine › **unten**) bekannt.

SCHULE VON HLEBINE

Vom Kuhhirten zum weltbekannten Künstler – eine solche Karriere hatte der angesehene Maler Krsto Hegedušić wohl nicht vermutet, als er Ivan Generalić (1914–1992) und Franjo Mraz (1910–1981) aus seinem Heimatdorf Hlebine 1930 ermutigte, ihre Bauernalltags-Malerei auszustellen. Generalić, der Talentiertere, wurde bald berühmt und gründete mit Mraz und dem Maler Mirko Virius die Schule von Hlebine. Die fröhlichen Bilder in kräftigen Farben besitzen einen kindlichen Reiz, von dem man sich in der Galerie von Hlebine › **S. 145** oder im Museum für Naive Kunst in Zagreb › **S. 138** verzaubern lassen kann.

LITERATUR

Das älteste Dokument in kroatischer Sprache ist eine auf der Insel Krk gefundene Urkunde: Die Tafel von Baška (um 1100) ist in glagolitischer Schrift verfasst, die vermutlich Missionare im 9. Jh. entwickelten, um das Christentum unter der südslawischen Bevölkerung zu verbreiten.

Bis Mitte des 19. Jhs. war Kroatisch die Sprache der Landbevölkerung, während die Städter sich auf Italienisch, Deutsch oder Ungarisch unterhielten. Erst nach und nach wurde die kroatische Sprache, nicht zuletzt dank dem Zagreber Romancier August Šenoa (1838–1881), wieder salonfähig.

In der kroatischen Literatur des 20. Jhs. spielen drei Autoren eine Hauptrolle: Vladimir Nazor (1876–1949) leitete viele seiner Werke aus Mythen seines Landes ab, der Zagreber Miroslav Krleža (1893–1981) tat sich als Erzähler, Lyriker und Dramatiker hervor. Nedjeljko Fabrio aus Split (geb. 1937) gilt als begabtester zeitgenössischer Autor (»Das Haar der Berenice«).

Buchtipp: **Literarisch reisen: Istrien: Gedanken, Phantasien, Erinnerungen zeitgenössischer Autorinnen und Autoren,** Drava Verlag, 2008.

MUSIK UND TANZ

Die reiche Volkskultur Kroatiens ist besonders auf den dalmatinischen Inseln noch sehr lebendig – speziell auf der Insel Korčula › S. 119, wo der Schwerttanz *moreška* und der Säbeltanz *kumpanija* eine lange Tradition besitzen. Beim Schwerttanz, in dem zwei Gruppen von Tänzern die türkischen Invasoren und die dalmatinischen Verteidiger darstellen, wird der historische Bezug besonders deutlich. Bei solchen Aufführungen spielen Instrumente wie die gitarrenähnliche *tamburica*, Trommeln und der Dudelsack, Trachten und Gesänge eine tragende Rolle.

Bei Volksfesten und -tänzen tragen viele Kroaten die traditionellen Trachten

FESTE & VERANSTALTUNGEN

Vor allem in den Sommermonaten gibt es in Kroatien zahlreiche Volksfeste, bei denen es stets reichlich zu essen und zu trinken gibt.

Neben den Folklorefesten und den vorrangig für Touristen organisierten Sommerfestivals finden zahlreiche ambitioniertere Kulturevents statt. Aktuelle Veranstaltungshinweise nach Region und Destination geordnet findet man auf der Website der Kroatischen Zentrale für Tourismus www.croatia.hr.

FESTKALENDER

Februar: Karneval von Rijeka mit fröhlichem Umzug (www.rijecki-karneval.hr).

Mai–Juli: Internationales Kinderfest in Šibenik mit Puppentheater, Theater und Film (http://mdf-sibenik.com). **Tage der Antike** in Pula (www.pulasuperiorum.com). **Festival der Unterhaltungsmusik** in Split (http://splitskifestival.hr). **Zagreb-Festival** mit Musik und Folkloretänzen (www.msf.hr).

Juli/August: Jeder Küstenort findet jetzt einen Anlass, Einheimische und Gäste mit Musik und Tanz, Feuerwerk und Spanferkel zu unterhalten. **Sommerfestival** in Osor/Cres mit klassischer Musik (www.osorfestival.eu). **Sommerfestival** in Split mit Musik, Theater und Ballett (www.splitsko-ljeto.hr). **Musikabende** in St. Donat in Zadar mit klassischer und religiöser Musik (www.donatfestival.com). **Dubrovnik-Sommerfestival** mit Kulturprogramm an diversen historischen Spielstätten (www.dubrovnik-festival.hr). **Musikfestival** in Omiš mit den traditionellen *klapa*-Gesängen (http://fdk.hr).

August: Uskoken-Ritterspiele auf einer Freilichtbühne in Sinj (www.alka.hr). **Schwert- und Säbeltänze** auf Korčula (www.visitkorcula.eu).

Anfang September: Outlook Festival in Pula mit Drum & Bass, Dubstep, Reggae in der Arena und bei Beach- und Boatpartys (https://outlookfestival.com).

September/Oktober: Barocke Musik erklingt in den Kirchen und Palästen in Varaždin (https://vbv.hr).

Oktober: Marunada in Lovran mit Spezialitäten rund um die Kastanie (www.visit-opatija.net).

GRATIS ENTDECKEN

- Gleich hinter dem Zugangstor ins Naturschutzgebiet Kamenjak (Auto hier stehen lassen, sonst kostet es Gebühr) geht es zu den vor Jahrmillionen **versteinerten Dinosaurierspuren.** > S. 61
- Es riecht unangenehm, ist aber sehr gesund: **Heilschlamm** mit einem hohen Anteil an sulfithaltigem Peloid bedeckt den flachen Meeresboden in Pags Stadtteil Lokunja. Einschmieren, trocknen lassen ... und die Haut ist wie neu. > S. 81
- Die geheimnisvollen Töne der **Meeresorgel** und die Farbenspiele des **»Gruß an die Sonne«** in Zadar kann man täglich ohne Eintritt genießen. > S. 88

ESSEN & TRINKEN

Die kroatische Küche wird oft zu Unrecht auf Čevapčići und Ražnići reduziert. In der Tat bietet sie weitaus Delikateres als Hackfleischröllchen und Fleischspieße.

Die Küche Istriens und Dalmatiens ist mehr von Italien beeinflusst, die Küche Mittelkroatiens hingegen von Österreich und Ungarn.

VOM RESTORAN ZUR KONOBA

Restoran bzw. *restauracija* kennzeichnet meist Speiselokale der gehobenen Kategorie, ein *riblji restoran* ist ein Fischrestaurant. Eine *konoba* ist ein Gartenlokal oder ein Weinkeller, wo meist deftige Küche, aber auch Fisch vom Holzgrill aufgetischt wird. Weitverbreitet ist die *gostiona* bzw. *gostionica,* ein kleineres familiäres Gasthaus, in dem man landestypisch essen und trinken kann. *Kavanas* sind Cafés, ein *bife* ähnelt einem Stehimbiss bzw. Bistro, und eine *slastičarna* ist eine Eisdiele.

DIE BESTEN RESTAURANTS

- Beste Fischküche mit innovativem Touch im **Sv. Nikola** an der Uferpromenade von Poreč. > S. 58
- Feine istrisch-italienische Küche mit herrlichem Blick über die kroatische Toskana serviert das **Restaurant des Landhotels San Rocco.** > S. 59
- Das »goldene Fischchen« **Zlatna Ribica** bei Šibenik steht für hervorragende frische Fisch- und Meeresfrüchte-Gerichte. > S. 92
- Frischer Fisch wird im romantischen **Zlatna Školka** in Hvar-Stadt aufgetischt. > S. 115
- Mediterran und romantisch sind Küche und Atmosphäre in Dubrovniks Nobelrestaurant **Atlas Club-Nautika.** > S. 127

JELOVNIK – DIE SPEISEKARTE

Feiner, luftgetrockneter Schinken *(pršut)* und kräftiger Käse aus Schafsmilch von der Insel Pag *(pašji sir)* sind die beiden Standard-Vorspeisen. Beliebt sind auch die Gemüsesuppe *maneštra* und der aus Italien stammende Risotto – mit grünem Spargel, Trüffeln, Pilzen oder Meeresfrüchten angereichert.

Zu den Gaumenfreuden aus dem Meer zählen Hummer *(jastog),* Garnele *(račići),* Zahnbrasse *(zubatac),* Drachenkopf *(skarpin),* Thunfisch *(tuna),* Tintenfisch *(lignja),* Makrele *(skusa),* Meeräsche *(cipal),* Goldbrasse *(komarca)* sowie Austern *(ostrige)* und Miesmuscheln *(dagnje).* Fleisch wird in Istrien gerne als deftiges Gulasch mit Kartoffelklößchen *(njoki)* serviert oder auf Holzkohle gegrillt. In den istrischen Bergstädtchen gibt es im Herbst viele Wildgerichte, dazu

Pfifferlinge, Steinpilze oder Trüffel. Zu Fisch und Fleisch wird häufig Mangold mit Knoblauch gereicht.

In Mittelkroatien wandern Geflügelbraten mit *mlinzi,* einer Beilage aus gebackenem Nudelteig, auf den Festtagstisch. *Paprikaš* ist ein Gulasch aus Schweinefleisch und viel rotem Paprika, Süßwasserfische werden gegrillt oder gedünstet mit Salzkartoffeln serviert. Und als süßen Nachtisch gibt es *palačinke,* Pfannkuchen mit Schokoladen- oder Nussfüllung, und *štrukli,* zuckersüße mit Quark gefüllte Strudelteigtaschen.

VINO UND PIVO

Opolo, Plavac, Dingač und Postup sind schwere Rotweine, die es in sich haben. Die beiden Letzteren stammen vor allem von der Halbinsel Pelješac › S. 117. Ein herber, erdiger Tropfen ist der rote Teran aus Istrien. An Weißweinen kredenzt man häufig Žlahtina, Posip, Kujundzusa, Grk oder den istrischen Malvazija – trocken besonders gut zu Fisch, Lamm und Geflügel, süß ein leckerer Dessertwein. Ein feiner Welschriesling ist der slawonische Graševina. Das einheimische Bier *(pivo)* braucht sich hinter ausländischen Sorten nicht zu verstecken.

SHOPPING

Beliebte Souvenirs sind Lederwaren, Kristall und Porzellan sowie Keramikarbeiten, Spitzendecken und Duftkissen.

Filigranschmuck, der in Läden mit dem Schild »Filigran« oder »Zlatar« angeboten wird, eignet sich ebenfalls als Mitbringsel.

Gourmets schwärmen vom luftgetrockneten Schinken, dem Käse der Insel Pag und den Weinen aus Istrien, Slawonien oder Dalmatien. Auch Zwetschgen- und Kräuterschnaps sind begehrt.

In den Galerien der Künstlerstädtchen Grožnjan › S. 58 und Hlebine › S. 45, S. 145 findet man mit etwas Glück Werke talentierter Maler zu günstigen Preisen.

DIE SCHÖNSTEN MÄRKTE

- Jeden ersten Dienstag im Monat feilschen Bauern und Händler aus ganz Istrien beim **Traditionsmarkt Pazinski samanj** in **Pazin,** der hier schon seit 1574 stattfindet. › S. 62
- Es riecht nach Meer in den **Fischhallen des Markts von Rijeka.** Hier landet täglich der frische Fang. › S. 66
- Bewohner von Vis, Brač oder Hvar treffen auf Spliter und die Touristen, die sich in das Gewimmel von **Splits Fisch- und Markthalle** verirren. › S. 99
- Auf **Dubrovniks Markt** verkaufen Bäuerinnen selbst angebautes Obst und Gemüse. › S. 126

Berge, Meer und die schroffe Landschaft bilden einen reizvollen Kontrast

TOUREN & SEHENSWERTES

ISTRIEN & KVARNER BUCHT

Vom Turm der Kirche Sv. Eufemija geht der Blick über Rovinj auf die kleinen Inseln vor der Küste

Vielfalt: In Istrien verbindet sich bäuerlich-slawische Kultur mit venezianischem Erbe, Römisches bietet Pula. An der k.-u.-k.-Riviera wird die Habsburger Ära lebendig, Cres, Lošinj, Krk und Rab verführen zum Inselhüpfen.

An der Küste grauweiße Felsbuchten und Kiesstrände, beschattet von Kiefern und eingerahmt vom türkisfarbenen adriatischen Meer, malerische venezianische Hafenstädtchen und die kulturellen Highlights **Poreč** und **Pula.** Im Landesinneren von Wehrmauern gekrönte Hügel, tiefgrüne Reihen von Weinreben und fruchtbare rote Erde: Die tropfenförmige **Halbinsel Istrien** hat sehr unterschiedliche Gesichter und Reize: Badeurlauber finden hier herrliche Buchten, gute Hotelanlagen, bestens ausgestattete Campingplätze – und stets ist ein Ort in der Nähe, dessen Restaurants einladen, istrische Spezialitäten zu kosten. Straßenmärkte und Boutiquen locken zum Einkaufsbummel, und im Sommer sorgen Musikfestivals von Klassik bis Pop für Unterhaltung. Wer das ruhigere Leben bevorzugt, kann landeinwärts in istrischen Gutshöfen wohnen, Rad- oder Wandertouren unternehmen und die historischen Städtchen und Kirchen erforschen. Zum Meer ist's meist nur ein Katzensprung.

Durch hohe Berge vor kalten Winden geschützt, besitzt der Küstenstrich zwischen Lovran und Opatija, bekannt als **k.-u.-k.-Riviera,** ein besonders mildes Klima und üppige Vegetation. Kastanien, Palmen, Oleander und Steineichen werfen ihre Schatten über die Felsküste mit winzigen Badebuchten. Hier verbrachte Europas Adel Anfang des 20. Jhs. die milden Wintermonate; heute erstrahlen restaurierte Villen und Hotels in nostalgischem Glanz. Im Hinterland führen schöne Wanderwege durch die Wälder des **Učka-Massivs** und des **Risnjak-Nationalparks.**

Die Riviera gehört bereits zur **Kvarner Bucht,** einem Küstenstreifen, der nach Süden bis Senj reicht und mehrere Inseln mit einschließt. Mildes Klima, glasklares Meer, eine Festlandküste mit flach abfallenden Kiesstränden und die Inseln Cres, Lošinj, Krk und Rab erwarten die Feriengäste. **Crikvenica** und **Novi Vinodolski** auf dem Festland sind lebhafte Badeorte mit historischen Wurzeln. Die Insel **Cres** trägt ein karges Gewand aus Macchia, Wanderwege führen durch die alte Kulturlandschaft. **Lošinj** ist üppig bewachsen und besitzt geschützte Strände wie die Čikat-Bucht, in der auch Kinder planschen können.

Auch **Krk** ist eine grüne Insel mit zahlreichen Badebuchten und dem beliebten Sand-Kies-Strand von Baška. Den besonderen Strömungsverhältnissen verdankt **Rab** die einzigen richtigen Sandstrände der Kvarner Bucht. Rabs Wahrzeichen sind die vier hintereinander gestaffelten Kirchtürme.

TOUREN IN DER REGION

TOUR 1

WEINBERGE UND WEHRSTÄDTCHEN

ROUTE: Buje > Vodnjan > Barban > Rabac > Žminj > Sv. Petar v Šumi > Pazin > Hum > Roč > Buzet > Motovun > Grožnjan > Buje

KARTE: Seite 56
LÄNGE: 2 Tage, 215 km
PRAKTISCHER HINWEIS:
- Auch wenn es vorrangig eine Tour im Landesinneren ist, sollten Sie die Badesachen nicht vergessen: Am Ende des ersten Tages geht es an den Strand.

TOUR-START:

Bergauf und bergab durchs istrische Landesinnere führt diese abwechslungsreiche Tour zu Wehrstädtchen, rustikalen Konobas und Weingütern. Von **Buje** 2 > S. 58 geht es auf der Schnellstraße bis Vodnjan. In der Kirche Sv. Blaž des hübschen Örtchens wird Gruseliges gehütet: Die mumifizierten Leichen dreier Heiliger aus dem 12.–15. Jh. sind die Attraktion des Kirchenschatzes. Kurz vor **Pula** 8 > S. 61, zu dem Sie hier einen Abstecher machen können, führt die Tour nach Nordosten in Richtung Labin 13 > S. 64 weiter. Auf schmalen Serpentinen gelangen Sie nach Barban, bekannt für seine mittelalterlichen Ritterspiele im August. Viele Palazzi stammen hier aus dem Barock, in den Kirchen finden sich glagolitische Inschriften. Die erste Tagesetappe kann man mit einem erfrischenden Bad in der **Bucht von Rabac** 14 > S. 64 beschließen.

Am folgenden Tag ist Žminj mit seiner gut erhaltenen Wehrmauer und gotischen Kapellen erster Anlaufpunkt. Die Straße führt durch Äcker und Weinreben nach Sv. Petar v Šumi, malerisch zwischen den grünen istrischen Hügeln gelegen. Hauptattraktion ist sein stilles Kloster aus der Frührenaissance, die spätbarocke Kirche Sv. Petar besitzt eine reiche Innenausstattung.

Das Kastell von **Pazin** 10 > S. 62, einige Kilometer weiter, soll Jules Verne als Vorbild für seinen Roman »Matthias Sandorf« gedient haben: Durch die Höhle unter der Burg gelang dem Romanhelden die Flucht. **Hum** 11 > S. 63 mit seiner beliebten Konoba und Roč sind winzige Weiler mit langer Historie; die »Allee der Glagoliter« zwischen den Orten erinnert mit modernen Skulpturen an die altkroatische Kirchenschrift.

Buzets Altstadt liegt auf einem Hügel am Fuß der Čičarija-Hochebene, Istriens bestem Startpunkt für Paraglider. Zwei Stadttore aus dem 16. Jh. führen ins historische Zentrum mit der Marienkirche, der Loggia, mehreren Adelspalästen und einem Barockbrunnen.

Über Istarske Toplice erreichen Sie **Motovun** 12 › S. 63 auf einem 277 m hohen Hügel über dem Mirnatal. Letzte Station ist der Künstlerort **Grožnjan** 3 › S. 58, bevor Sie nach Buje zurückkehren.

TOUR 2

AUF VENEZIANISCHEN SPUREN

ROUTE: Umag › Novigrad › Poreč › Rovinj › Fažana › Pula

KARTE: Seite 56
LÄNGE: 2 Tage, 120 km
PRAKTISCHER HINWEIS:

- Jede Stadt hat ihr besonderes Flair, weshalb man Zeit für einen Stadtbummel ebenso einplanen sollte wie ein, zwei Stunden am Meer zur Erholung zwischendurch.

TOUR-START:

Auf dieser Tour begegnet man immer wieder Küstenstädtchen mit venezianischem Erbe aus der langen Ära der Serenissima in Istrien. Start ist in **Umag** 5 › S. 58 ganz im Norden, dessen Altstadt sich auf einer schmalen Landzunge drängt. Wenige Kilometer südlich liegt **Novigrad** 4 › S. 58 mit einer imposanten venezianischen Stadtmauer. Römer gründeten **Poreč** 1 › S. 57 auf einer Halbinsel, Byzanz schenkte der Stadt eine wunderbare Basilika, Venedig die gotischen Stadthäuser, und bosnischen Zuckerbäckern ist das beste Eis Istriens zu verdanken. Der erste Tag klingt an der Uferpromenade aus. Dinieren können Sie z. B. im schicken Fischrestaurant Sv. Nikola.

An der Küste entlang, vorbei an kleinen Badeorten wie Funtana und Vrsar, geht es am zweiten Tag weiter Richtung Süden bis zum tiefen, schmalen Einschnitt des **Limski kanal** 7 › S. 60. Eine Straße umfährt ihn in einem weiten Bogen landeinwärts und kehrt bei **Rovinj** 6 › S. 59 an die Küste zurück. In den Gassen des venezianischen Musterstädtchens kann man herrlich bummeln. Freeclimber zieht es an die Felsen des venezianischen Steinbruchs am Zlatni Rt.

Über Bale und Vodnjan erreichen Sie erneut die Küste beim hübschen Städtchen Fažana › S. 62, von dem aus Sie eine Bootstour auf die Insel **Veli Brijuni** 9 › S. 62 unternehmen können.

Allerdings lockt schon das nahe **Pula** 8 › S. 61 mit seinem römischen Amphitheater, seiner venezianischen Altstadt und seinen Habsburger Festungsanlagen – hier, an der strategisch so wichtigen Südspitze Istriens, haben alle Eroberer ihre Spuren hinterlassen! Heute zieht es die Techno-Gemeinde nach Pula, und Festivals wie »Dimensions« sind der Hit.

VERKEHRSMITTEL

- Es gibt Busverbindungen zwischen den Städten, teils auch auf die Inseln, kleinere Orte werden aber nur selten angefahren (Pläne unter www.arriva.com.hr).

- Am bequemsten und unabhängigsten reist man mit dem eigenen Fahrzeug. In der Hochsaison muss allerdings mit Wartezeiten an den Fähranlegern und mit Staus rund um die beliebten Badeorte gerechnet werden. Auch Parkplätze sind in den meisten Orten rar.
- Fähren zu den Inseln fahren im Sommer je nach Passagieraufkommen teils ohne Pause. Außerhalb der Saison ist der Fahrplan eingeschränkt, einige Linien fallen ganz weg. Informieren Sie sich vorab auf www.jadrolinija.hr oder bei den Tourismusbüros vor Ort.

TOUREN IN ISTRIEN & AN DER KVARNER BUCHT

TOUR 1

WEINBERGE UND WEHRSTÄDTCHEN: ISTRIENS BINNENLAND

Buje > Vodnjan > Barban > Rabac > Žminj > Sv. Petar v Šumi > Pazin > Hum > Roč > Buzet > Motovun > Grožnjan > Buje

TOUR 2

AUF VENEZIANISCHEN SPUREN: ISTRIENS WESTKÜSTE

Umag > Novigrad > Poreč > Rovinj > Fažana > Pula

UNTERWEGS IN DER REGION

POREČ 1 ★ A3

Der Ortskern der 17 000-Einwohner-Stadt breitet sich auf römischen Fundamenten auf einer Halbinsel aus. Der ehemalige Decumanus, die zum Forum führende Hauptstraße, heißt noch heute **Dekumanska ulica** und endet am Forum, dem **Trg Marafor**, wo es noch einige Säulenstümpfe zu bestaunen gibt. Fassaden in venezianischer Gotik schmücken den Platz und die Straße, auf der man abends flaniert und das Angebot der Läden begutachtet. In einer Parallelstraße trifft man auf einen bedeutenden Sakralbau, der seit 1998 auch zum UNESCO-Weltkulturerbe zählt: Die dreischiffige **Euphrasius-Basilika** 1 mit Atrium, Vorhalle und achteckigem Baptisterium stammt aus dem 6. Jh. Hauptattraktion sind die byzantinischen **Mosaiken** im Innern. Golden glänzen sie über der mittleren Apsis; Jesus und die Apostel wachen über Maria mit dem Kinde, neben der Gottesmutter hat Bischof Euphrasius mit dem Modell seiner Kirche einen Ehrenplatz. Beachtenswert sind die byzantinischen Säulenkapitelle im Schiff (April–Juni, Sept., Okt. Mo bis Sa 9–18, Nov.–März Mo–Fr 9 bis 16, Sa 9–14, Juli, Aug. 9–21 Uhr, Eintritt 40 Kn). › mehr S. 15 Punkt 21

INFO

Tourismusverband

- Zagrebačka 9 | 52440 Poreč
  Tel. 052/45 17 19 | www.myporec.com

HOTELS

Grand Hotel Palazzo €€€

Das renovierte k.-u.-k.-Hotel liegt ruhig und zentral, ist sehr komfortabel und begeistert mit herrlichem Meerblick.

- Obala Maršala Tita 24 | Poreč
  Tel. 052/85 88 00
  www.hotel-palazzo.hr

Parentium €€

Komfortables Strandhotel in der Grünen Lagune, großes Sportangebot.

- Zelena Laguna | Poreč | Tel. 052/41 01 02
  www.lagunaporec.com

Schnurgerade ist diese Gasse in der Altstadt von Poreč angelegt

RESTAURANTS

Sv. Nikola €€€

Fisch und Meeresfrüchte kreativ istrisch serviert das mehrfach ausgezeichnete Restaurant. Mit Blick auf das Meer.

- Obala M. Tita 23 | Poreč
  Tel. 052/42 30 18 | www.svnikola.com

Konoba Aba €€

Sympathisches familiengeführtes Restaurant, vorzügliche Fischplatte.

- M. Vlacica 2 | Poreč | Tel. 052/43 86 69

SHOPPING

Enoteca per Bacco

Delikatessen aus Istrien: Wein, Olivenöl, Honig, Grappa und natürlich Trüffel.

- Trg Slobode 1 | Poreč | Tel. 052/45 16 00

NIGHTLIFE

Saint & Sinner

Die Lounge-Bar ist beliebter Treff zum Aperitif und mutiert nachts zum Klub.

- Obala Maršala Tita 12 | Poreč
  Mobil-Tel. 099/2 21 18 11
  www.saint-sinner.net

AUSFLÜGE VON POREČ

BUJE 2 A3

Buje, 47 km nordöstlich von Poreč, liegt wie die meisten istrischen Städtchen auf einer Hügelkuppe mit weitem Blick übers Land. Bei klarem Wetter sieht man bis zur Küste.

GROŽNJAN 3 A3

Ansässige Künstler haben die historische Bausubstanz von Grožnjan, 14 km südöstlich von Buje, vor dem Verfall gerettet. Boutiquen und Galerien im Zentrum laden zum Bummeln und Verweilen ein.

HOTEL

Rooms Sara €

Entzückende kleine Pension im Künstlerdorf in einem renovierten Stadthaus und mit einfach, aber freundlich eingerichteten Zimmern.

- Vladimira Gortana 2 | Grožnjan
  Tel. 059/15 28 82 53
  www.roomssara.com

RESTAURANT

Konoba Bastia €€

Gemütliches Gasthaus mit istrischen Spezialitäten. > mehr S. 13 Punkt 11

- Svibnja bb 1 | Grožnjan
  Tel. 052/77 63 70

NOVIGRAD 4 A3

Dieser Ausflug lässt sich mit dem nach Buje zu einer Rundtour verbinden. Novigrad hat sich als einer der wenigen Küstenorte die mittelalterliche, mit Zinnen bewehrte Stadtmauer bewahrt. Beim Bummel durch die schmalen Gassen können Sie die romanische Kirche **St. Pelagius** besuchen und im **Museum Gallerion** Spannendes über die Habsburger k.-u.-k.-Kriegsmarine lernen (Mlinska 1, 52466 Novigrad, www.kuk-marine-museum.net, Mi–Sa April–Mitte Juni 9–12, 14 bis 18, Mitte Juni–Aug. 9–12, 19–21, Sept., Okt. 9–12, 15–18 Uhr, Eintritt 30 Kn). > mehr S. 17 Punkt 33

UMAG 5 A3

In Umag, 15 km nördlich von Novigrad, drängen sich alte Stadthäuser um den Kirchplatz mit einem frei stehenden Campanile (15. Jh.). Berühmt ist Umag für das ATP-Turnier »Croatia Open« im Sommer.

Die Cafés rund um den Hafen von Rovinj bieten sich für eine Pause an

HOTEL

San Rocco €€€

Genießen Sie in dem stilvollen Landhotel den Fernblick bis zur Küste von den gemütlichen Zimmern oder von dem empfehlenswerten Restaurant.

- Srednja ulica 2 | Brtonigla
  Tel. 052/72 50 00 | www.san-rocco.hr

RESTAURANT

Damir & Ornella €€€

Köstliche istrische Sushi!

- Zidine 5 | Novigrad | Tel. 052/75 81 34
  www.damir-ornella.com

ROVINJ 6 ★ A3

Rovinj, ein Juwel der istrischen Küste, ist ein beliebtes Fotomotiv – auch aus der Luft, mit Blick auf die konzentrisch verlaufenden Gassen auf der tropfenförmigen Halbinsel um die auf einer Anhöhe thronende Pfarrkirche der **Sv. Euphemia.** Von Rovinjs Wahrzeichen bzw. seinem rund 60 m hohen Glockenturm können Sie das Panorama auf die Stadt und die mit kleinen, grünen Inseln gesprenkelte Küste genießen.

Hauptplatz von Rovinj ist der **Trg Maršala Tita** am Hafen, mit Loggia, Uhrturm, Rathaus und dem Palazzo Califfi, in dem ein kleines Stadtmuseum residiert – alle vom Baustil der Serenissima geprägt. Abends bummelt man die **Grisia-Gasse** entlang, vorbei an Galerien und Ateliers.

INFO

Tourismusverband

- Pina Budičina 12 | 52210 Rovinj
  Tel. 052/81 15 66
  www.rovinj-tourism.com

HOTELS

Villa Tuttorotto €€€

Unweit des Hafens gelegenes, stilvoll möbliertes Hotel mit nostalgischem Flair.

- Dvor Massatto 4 | Rovinj
  Tel. 052/81 51 81 | www.villatuttorotto.com

Istra €€–€€€

Das Komforthotel auf der vorgelagerten Andreas-Insel lockt mit großzügiger Poollandschaft und schönen Stränden.

- Crveni Otok 1 | Rovinj
  Tel. 052/80 02 50 | www.maistra.hr

RESTAURANTS

Monte €€€

Vom Gault-Millau ausgezeichnete Fischgerichte und Weine (Nov.–Mai geschl.).

- Montalbano 75 | Rovinj
  Tel. 052/83 02 03 | www.monte.hr

Balbi €€

Kleines Lokal in zentraler Lage mit exzellenter Fischküche.

- Trg Matteotti | Rovinj
  Tel. 052/81 72 00

NIGHTLIFE

Valentino

Korbsessel und Kissen auf Felsen drapiert, dazu Illumination mit Fackeln und Strahlern im Meer, dezenter Jazz, himmlische Cocktails und das Plätschern der Wellen – das Valentino ist die schönste Café-Bar Kroatiens (Okt.–April geschl.).

- Sv. Križ 28 | Rovinj
  Tel. 052/83 06 83
  www.valentino-rovinj.com

LIMSKI KANAL 7 A3

In der schmalen, tief ins Land hineinragenden Bucht 13 km nordöstlich von Rovinj werden Austern und Miesmuscheln gezüchtet. Die oberirdischen und unterseeischen Süßwasserquellen schaffen gute Bedingungen für das Leben im Wasser. An Souvenirständen gibt's allerlei Tand, aber auch von den Frauen geklöppelte Spitzen. Ausflugsboote warten auf Gäste, Aktivurlauber können Kanutouren unternehmen.

Café Valentino in Rovinj

Unweit des Sergier-Bogens lebte James Joyce in der Altstadt von Pula

RESTAURANT

Fjord €€

Frischer als hier können Muscheln und Austern nicht sein.

- Limski kanal 1 | Lovreč
  Tel. 052/44 82 22
  www.facebook.com/fjord.limskikanal

PULA 8 ★ B3

Die geschützte Bucht von Pula (70 000 Einw.) war bereits zu Römerzeiten ein so geschätzter Ankerplatz, dass die damaligen Baumeister im 1. Jh. ein Bauwerk für »Brot und Spiele« errichteten: Das **Amphitheater** 2, in Pula kurz »Arena« genannt, gehörte zu den fünf größten des Reiches: 23 000 Menschen fanden im Theater Platz. Heute dient die im Inneren restaurierte Arena als Veranstaltungsort für Opern, Konzerte und das Kroatische Filmfestival; eine Ausstellung im Kellergeschoss widmet sich kulinarischen Genüssen, nämlich der Produktion von Wein und Olivenöl (Sommer tgl. 8–22 Uhr, im Winter kürzer, Eintritt 50 Kn).

Um das einstige **Forum** pulsiert das Leben. Säulen und Gemäuer des **Augustustempels** und des **Triumphbogens der Sergier** wurden in spätere Bauten integriert, die Triumphbogen zu Stadttoren umfunktioniert, ein Diana-Tempel vom Renaissancerathaus ummauert.

Das **Archäologische Museum Istriens** (Arheološki Muzej Istre) präsentiert interessante Fundstücke aus Pulas Geschichte (bis auf Weiteres wegen Renovierung geschl., Infos auf www.ami-pula.hr).

Strand- und Ferienzentren um Pula sind die südlich liegenden Orte **Verudela, Medulin** und **Premantura** am Eingang zum **Kap Kamenjak.** Letzteres gilt als einer der besten Spots für Windsurfer (Kurse beim Windsurfing-Zentrum, www.windsurfing.hr) und bietet einen etwa 600 m langen Dinosaurierpfad.

INFO

Tourismusverband

- Forum 3 | 52100 Pula
  Tel. 052/21 91 97 | www.pulainfo.hr

HOTEL

Valsabbion €€€

Herrlich an der Marina Veruda gelegenes Privathotel mit Dachpool. Modernes, stilvolles Design.

- Pliješčana uvala IX/26 | Pula
  Tel. 052/22 29 91 | www.valsabbion.info

RESTAURANTS

Milan €€€

Hotelrestaurant mit schöner Terrasse, erstklassigem Fisch und Seafood, verführerische Mehlspeisen.

- Stoja 4 | Pula
  Tel. 052/30 02 00 | www.milan1967.hr

Kažun €€

Istrische Spezialitäten wie wilder Spargel, Trüffel, *pršut* und Ravioli schmecken hier besonders gut.

- Prekomorskih brigada 31 | Pula
  Tel. 052/22 31 84
  http://kazun.incroatia.info

BRIJUNI-INSELN 9 B3

Das rund 7 km nordwestlich von Pula gelegene, ruhige Hafenstädtchen **Fažana** mit schattiger Meerespromenade und gemütlichen Cafés und Restaurants ist Hafen der Ausflugsschiffe auf die vorgelagerten Brijuni-Inseln, die bereits die Römer besiedelt hatten. Eine geschützte, recht artenreiche Unterwasserfauna macht die Eilande zu einem beliebten Taucherziel. Ex-Jugoslawiens Präsident Tito empfing auf **Veli Brijuni** gern Staatsbesuche. Die von einigen als Geschenk mitgebrachten Wildtiere, darunter Zebras und Elefanten, leben in einem Park, den Besucher bei der Inselrundfahrt zu sehen bekommen.

INFO

Nacionalni Park Brijuni

tgl. 9–23, im Winter bis 15 Uhr. Eintritt inkl. Fähre je nach Saison 125–210 Kn.

- 52214 Brijuni | Tel. 052/52 58 88
  www.np-brijuni.hr

HOTEL

Villetta Phasiana €€€

Bezauberndes Boutiquehotel unweit der Anlegestelle. Auch das Restaurant ist sehr zu empfehlen.

- Trg Sv. Kuzme i Damjana 1 | Fažana
  Tel. 052/52 05 58
  www.villetta-phasiana.hr

INNERES ISTRIEN

PAZIN 10 B3

Die am Rand der 130 m tiefen Fojba-Schlucht gegründete Stadt ist heute Verwaltungssitz der Halbinsel. Die Burg **Kaštel** aus dem 13./14. Jh. ist mit ihren Wehrgängen und der Zisterne im Innenhof hervorragend erhalten. Begrenzt vom »Höllenloch«, in dem das Flüsschen Pazinčica in der Unterwelt des Karstes verschwindet, war die Festung in der Vergangenheit praktisch uneinnehmbar. > mehr S. 12 Punkt 2

Das **Etnografski muzej Istre** in der Burg zeigt Hausrat, Trachten und Bautraditionen der Region (Mo–So 10–18, Winter bis 15 Uhr,

Eintritt 25 Kn, www.emi.hr). Jeden ersten Dienstag im Monat gibt es einen traditionellen Markt.

6 km nordwestlich, bei **Beram**, trifft man auf ein künstlerisches Kleinod: die eigenwillige Kirche **Sv. Marija na Škriljinah**, berühmt für ihre gotischen Wandfresken mit dem Motiv des »Totentanzes« > S. 45. Das 1474 entstandene Werk zeigt Arm und Reich Hand in Hand mit Gevatter Tod. Neben diesem »Totentanz« zeigen die Fresken biblische Szenen vor dem Hintergrund istrischer Landschaft. Den Schlüssel zur Kirche bekommt man in Beram (Haus Nr. 38, 52000 Beram, Tel. 052/62 29 03). > mehr S. 17 Punkt 29

INFO

Tourismusverband

- Ulica Veli Jože 1
  52000 Pazin | Tel. 052/62 24 60
  www.central-istria.com

HUM 11 B3

Die kleinste Stadt der Welt liegt 30 km nordöstlich von Pazin. Trotzig wählen deren 21 Einwohner jedes Jahr im Juni einen Bürgermeister und feiern diesen Anlass. Eng aneinandergebaut bilden die Häuser des äußeren Siedlungsringes einen eindrucksvollen Befestigungswall mit Stadtmauer und Türmen, der auf das 11. Jh. zurückgeht.

RESTAURANT

Humska Konoba €€

Istrische Hausmannskost, im Herbst Trüffel und hausgebrannte Schnäpse.

- Hum 2 | Tel. 052/66 00 05
  www.hum.hr

MOTOVUN 12 B3

Das Bergstädtchen besitzt gleich zwei Befestigungsringe, die unter der Schutzmacht Venedig im 13./14. und 16./17. Jh. errichtet wurden. Im Ortskern überragen ein kleines Hotel, das im ehemaligen Kastell residiert, sowie der romanische Campanile der Kirche Sv. Stjepana den Hauptplatz Trg Andrea Antico. Von hier können Sie Motovun auf dem inneren Mauerring umrunden. In den Eichenwäldern zu Füßen des Hügels werden weiße Trüffeln von Hunden aufgestöbert. Die aromatische Knolle gibt es in vielen Läden zu kaufen und sie verfeinert hier fast jedes Gericht, weshalb ein Essen den krönenden Abschluss bildet.

Motovuns Aussichtsbalkon beim Stadttor ist der ideale Platz für einen Kaffee

RESTAURANTS

Zigante €€€

Livade, am gegenüberliegenden Mirna-Ufer, ist »die« Gourmet-Adresse Istriens, vor allem im Herbst, wenn im Restaurant weiße Trüffeln serviert und im Laden von Zigante Tartufi verkauft werden. > **mehr S. 17 Punkt** 32

- Livade 7 | Tel. 052/77 74 09
  www.zigantetartufi.com

Palladio €€

Istrische Spezialitäten, serviert auf der Terrasse des Hotels Kaštel mit herrlichem Blick über die Hügel unter einem hundertjährigen Maulbeerbaum.

- Trg Andrea Antico 7 | Motovun
  Tel. 052/68 16 07
  www.hotel-kastel-motovun.hr

KVARNER BUCHT

LABIN 13 B3

Labin thront 320 m hoch über der Bucht von Rabac. Schmale, steile Gassen führen durchs Stadttor zur **Kirche Mariä Geburt** (Majke božje), die zwischen dem 11. und 16. Jh. errichtet wurde. Ein 33 m hoher Glockenturm (1623) markiert den Standort der ersten Kirche von Labin. Die **Piazza Fortica** bietet das bezaubernde Panorama der istrischen »Toskana«. Wer sich für junge Kunst interessiert, wird in den Galerien der malerischen Altstadt fündig.

RABAC 14 B3

Unterhalb von Labin drängen sich in steilen Terrassen Ferienhäuser und Hotels an der Bucht von Rabac. Der malerischen Lage mit Blick auf die Insel Cres wegen avancierte der Ort schon früh zu einem lebhaften Seebad. Beliebt sind die mit Strandkiefern bewachsenen Badebuchten auf der Halbinsel Sv. Andrija.

INFO

Tourismusverband

- Aldo Negri 20 | 52220 Labin
  Tel. 052/85 55 60
  www.rabac-labin.com

HOTEL

Family Life Bellevue €€

Das schön gelegene all-inclusive-Hotel an der Bucht von Rabac hat sich ganz den Bedürfnissen von Familien verschrieben.

- Rabac bb | Tel. 052 46 50 00
  www.valamar.com

RESTAURANTS

Villa Annette €€€

Elegant konzipierte Zimmer und istrisches Slow Food nach alten Rezepten, im Sommer im Olivenhain serviert.

- Raška 24 | Rabac
  Tel. 052/88 42 22 | www.villa-annette.com

Velo Kafe €€

Am schönsten sitzt man auf der Terrasse der ersten Etage mit Blick auf den Stadtplatz. Gute istrische Küche.

- Trg Maršala Tita 6 | Labin
  Tel. 052/85 27 45

OPATIJA 15 B3

Opatija zeigt wieder jenen Charme, der um die Wende vom 19. zum 20. Jh. die gekrönten Häupter Europas an der Kvarner Bucht versammelte. Die hübschen Hotels und Villen dieser Epoche sind restauriert, im Kurpark der **Villa Angolina** wandelt man unter Platanen.

Das Städtchen Lovran an der k.-u.-k.-Riviera

Ein 12 km langer Spazierweg führt entlang der recht nostalgischen **k.-u.-k.-Riviera** 3 vom Fischerort **Volosko** östlich von Opatija bis ins westlich gelegene Lovran. Die gesunde Seeluft der **Uferpromenade** genossen bereits Kaiser, Fürsten und Literaten der k.-u.-k.-Zeit, als Abbazia zum liebsten Kurbad der Habsburger avancierte.

INFO

Tourismusverband

- Maršala Tita 128 | 51410 Opatija
  Tel. 051/27 13 10
  www.visitopatija.com

HOTELS

Palace Bellevue €€€

Das historische Haus mit 209 Zimmern und Suiten steht im Zentrum und bietet einen herrlichen Blick aufs Meer. Wassersportmöglichkeiten, Pool, Restaurants und Cafés.
Maršala Tita 144/148 | Opatija
Tel. 051/71 04 44 | www.liburnia.hr

Miramar €€

Komfortable Zimmer, eine fantastische Küche und ein breitgefächertes Kurs- und Unterhaltungsprogramm tragen zum zauberhaften k.-u.-k.-Charme dieses Hauses bei.

- Ive Kaline 11 | Opatija
  Tel. 051/28 00 00
  www.hotel-miramar.info

RESTAURANTS

Plavi Podrum €€

Hervorragendes Fischrestaurant am Hafenbecken von Volosko mit einer guten Auswahl kroatischer Weine.

- Volosko | Tel. 051/70 12 23
  www.plavipodrum.com

Stancija Kovačiči €€

Das Restaurant liegt ein wenig außerhalb in Matulji, lohnt aber den Weg, denn es wird traditionell und auf sehr hohem Niveau gekocht. Auch hübsche Gästezimmer.

- Rukavac 51 | Matulji
  Tel. 051 27 21 06
  www.stancija-kovacici.hr

LOVRAN 16 B3

Der von dichten Kastanienwäldern umgebene Badeort Lovran ist mit seinen z.T. hervorragend restaurierten Villen des Jugendstils und Klassizismus ein Paradebeispiel für die k.-u.-k.-Epoche an der Riviera. Der Altstadtkern mit schönen Häusern des 17. und 18. Jhs. ist gut erhalten. Im teils noch von der alten Stadtmauer umschlossenen Zentrum erhebt sich auf dem Hauptplatz die gotische St. Georgskirche auf Fundamenten aus dem 12. Jh.

Im Oktober feiert man in Lovran die Marunada > S. 47.

INFO

Tourismusverband

- Trg Slobode 1 | 51415 Lovran
  Tel. 051/29 17 40 | www.tz-lovran.hr

RESTAURANT

Lovranska Vrata €€

Romantische Lage im Herzen der Altstadt und beste istrische Küche.

- Stari Grad 94 | Lovran
  Tel. 051/29 10 50

RIJEKA 17 B3

Busbahnhof und Fährhafen prägen die dem Meer zugewandte Seite der Hafenstadt (118 000 Einw.) ca. 10 km östlich von Opatija. Ein paar Querstraßen landeinwärts dann das andere, historische Rijeka: Auf der verkehrsberuhigten Flaniermeile **Korzo** zwischen dem Beogradski trg und dem Togliatti-Platz haben sich Einheimische Zeitung lesend in Straßencafés niedergelassen, während Touristen die Skulpturen von Kaiser Leopold I. und Karl VI. auf dem zierlichen **Stadtturm** (Gradski toranj) bewundern. In den Gassen dahinter stehen noch das römische Stadttor **Stara vrata** und die Barockkirche **Sveti Vid**, heute als Kathedrale der Sitz des Erzbischofs.

Sehenswert sind die berühmten Markthallen, Velika tržnica, an der Ulica Ivana Zajca. Besonders lebhaft ist die südlichste Halle, die den Fischhändlern in den Vormittagsstunden vorbehalten ist. Eine Grünanlage trennt den Markt vom 1885 eröffneten klassizistischen **Nationaltheater Ivan Zajc**. Zajc war ein bedeutender kroatischer Komponist, ein Denkmal erinnert an ihn.
> mehr S. 16 Punkt 24

INFO

Tourist Info Center

- Korzo 14 | 51000 Rijeka
  Tel. 051/33 58 82 | www.visitrijeka.eu

VERKEHR

Fährverbindungen: Pomorski Terminal, Riva Boduli. Infos bei Jadrolinija > S. 29. Fährschiffe nach Cres, Rab, Pag, Mali Lošinj.

HOTEL

Old Town Inn €€

Stylishes Kleinhotel 200 m vom Korso, perfekt eingerichtet.

- Ulica pod Voltun 13 | Rijeka
  Tel. 051/59 10 63 63 | www.oldtown.rest

RESTAURANTS

Girica €€

Eigene Boote liefern die Fische an – frisch und lecker; etwas abseits, aber es lohnt.

- Vukovarska 65a | Rijeka
  Tel. 051/67 72 20

Buntes Treiben herrscht vormittags in der Fischmarkthalle von Rijeka

Taverna Mornar €
Hier, unweit vom Hafen, treffen Touristen und Einheimische zusammen. > **mehr S. 14**
Punkt **17**

- Riva Boduli 5a | Rijeka
  Tel. 051/31 22 22

AUSFLUG IN DEN RISNJAK-NATIONALPARK 18 B2

Nach 60 km Anfahrt von Opatija bzw. 50 km von Rijeka erreicht man bei **Crni Lug** den Eingang zum Nationalpark am Oberlauf des Flusses Kupa und den dicht bewaldeten Gebirgszug um die Gipfel Veliki Risnjak (1528 m) und Snježnik (1506 m). Zahlreiche Wanderwege erschließen die majestätische Waldlandschaft, in der noch Braunbären, Luchse und Wölfe leben, die man jedoch meist nicht zu Gesicht bekommt. Beliebt sind der Aufstieg zum **Veliki Risnjak** von Crni Lug aus (6 Std.) sowie die 30-minütige Wanderung Razloge zur **Kupa-Quelle,** die man auch in die Kupa-Auen ausdehnen kann.

INFO

Nacionalni park Risnjak
Eintritt 45 Kn

- Bijela vodica 48 | 51317 Crni Lug
  Tel. 051/83 61 33 | http://np-risnjak.hr

CRIKVENICA 19 C3

Eingerahmt von Gebirgszügen und dadurch vor der Bora geschützt, besitzt Crikvenica ein ideales Klima für den Bade- und Kururlaub; bereits 1888 eröffnete hier das erste Hotel an dem weit geschwungenen und von Palmen gesäumten Sand-Kies-Strand. Restaurants und Cafés drängeln sich entlang der Meerespromenade. Längst ist Crikvenica mit der Nachbargemeinde **Selce** zusammengewachsen. Aus der Zeit der Frankopanen von Krk (15. Jh.) sind noch die namensgebende Kirche *(crikva)* und das Kastell erhalten (heute Hotel). Ein Aquarium informiert über die Unterwasserwelt.

INFO

Tourismusverband

- Trg Stjepana Radića 1
  51260 Crikvenica | Tel. 051/24 10 51
  www.rivieracrikvenica.com

HOTEL

Kvarner Palace €€

Der Hotelpalast ist auf neuestem Stand und bietet allen erdenklichen Komfort, ein feines, ambitioniertes Spezialitätenrestaurant und ein traumhaftes Wellnesscenter mit Indoor-Pool und mehreren Saunen (Winter geschl.).

- Brace Buchoffer 12 | Crikvenica
  Tel. 051/38 00 00
  www.kvarnerpalace.info

RESTAURANTS

Galija €€

Moderne Bistro-Küche mit Pizzen, Salaten, Bruschette und feinen Hauptgerichten – eine angenehme Abwechslung zum Standardangebot der meisten Restaurants.

- Gajevo šetalište 1 | Crikvenica
  Tel. 051/78 47 10
  http://galija-crikvenica.hr

Konoba Trabakul €€

In der urig eingerichteten Kneipe wird nach alten Traditionsrezepten gekocht, und natürlich kommt vieles vom Holzkohlengrill. Deftig, aber lecker!

- Strossmayerovo šetalište 10
  Crikvenica | Tel. 051/24 36 95
  www.facebook.com/KonobaTrabakul

NOVI VINODOLSKI 20 C3

Der Badeort 13 km südlich von Crikvenica, dessen schöne Kiesstrände im Sommer viele Feriengäste anlocken, war Mittelpunkt des Fürstentums der Frankopanen. Sie beherrschten die Region vom 13. bis 19. Jh. Kastell und Pfarrkirche erinnern an die historische Bedeutung, das Regionalmuseum zeigt eine Kopie des *Vinodolski zakonik:* Die Gesetzessammlung regelte im 13. Jh. das Verhältnis von Adel und Abhängigen und ist eine der ältesten demokratischen Verfassungen weltweit (Trg Vinodolskog zakona 1, Novi Vinodolski, Juli, Aug. Mo–Sa 9–12, 19–21, So 9–12 Uhr, Eintritt frei).

SENJ 21 C3

24 km weiter nach Süden erblickt man schon von Weitem die Burg von Senj. Bereits die Römer hatten erkannt, dass das Hinterland von dort über einen Richtung Plitwitzer Seen führenden Bergpass relativ einfach zu erreichen war. So musste sich die Stadt jahrhundertelang hinter einer mächtigen Stadtmauer verschanzen und gegen Eindringlinge wehren. Zu den Resten der Verteidigungsanlagen gehört die **Burg Nehaj.** Das Wahrzeichen Senjs wurde im ausgehenden 16. Jh. auf einer Anhöhe errichtet, heute stellt hier ein Museum alte Waffen und Trachten aus (Ogrizovićeva 5, Senj, Mai bis Okt. tgl. 10–18, Juli/Aug. bis 21 Uhr, Eintritt 20 Kn).

KVARNER INSELN

Die vier großen Inseln im Kvarner Golf, Cres, Lošinj, Krk und Rab, sind äußerst beliebte Urlaubsziele – jede mit ihrem eigenen Charme.

INSEL CRES

Von Nord nach Süd wechselnde Landschaften, durch die sich ein Bergkamm schnurgerade bis zum Hauptort zieht, sowie idyllische Orte und Buchten erwarten den Urlauber auf der schmalen, karstigen Insel Cres. Zwischen dem istrischen Brestova und Porozina verkehren Fähren (Hauptsaison viertelstündlich, sonst stündlich).

Die malerische Stadt **Cres** 22 B3 säumt mit ihren alten Kapitänshäusern ein kleines Hafenbecken. Um dieses pulsiert das Leben, Cafés und Läden sind besonders am späten Nachmittag gut besucht.

In **Valun** 23 B3 an der Südwestseite der gleichnamigen Bucht bewahrt die Gemeindekirche eine wertvolle Steintafel auf: die *Valunska ploča* mit eingemeißelten glagolitischen Schriftzeichen aus dem 11. Jh. Sie zählt mit der »Tafel von Baška« › S. 73 zu den ältesten Zeugnissen der altkroatischen Schrift. Hier, an der Westküste in Richtung Osor, finden sich kleine Kiesstrände, die zum Baden einladen.

Osor 24 B4 liegt ganz im Süden von Cres und ist berühmt für die Musikabende im Juli und August (Infos: www.osorfestival.eu). Bis ins 15. Jh. hinein war das Städtchen ein bedeutender Hafen und Warenumschlagplatz; die reichen Bürger konnten sich deshalb auch ein repräsentables Rathaus, ein Bischofspalais und eine gotische Kathedrale leisten. Moderne Skulpturen fügen sich harmonisch in das mittelalterliche Stadtbild von Osor ein.

INFO

Tourismusverband

- Cons 10 | 51557 Cres-Stadt
  Tel. 051/57 15 35 | www.tzg-cres.hr

HOTEL

Kimen €€

Familiengeeignete Anlage direkt an einer schönen Badebucht, modernisiertes Hotel mit freundlich eingerichteten Zimmern.

- Melin I/16 | Cres-Stadt
  Tel. 051/57 33 05
  www.hotel-kimen.com

Die Burg Nehaj ist das Wahrzeichen von Senj

RESTAURANTS

Konoba Bonifačić €€

Die gemütliche Konoba liegt in der Altstadt und verwöhnt ihre Gäste mit alten Rezepten aus der Gegend um die Kvarner Bucht.

- Osor | Nerezine
  Tel. 051/23 74 13
  www.jazon.hr

Konoba Toš €€

Schattige Terrasse an der Bucht von Valun, auf der Sie Lamm, Fisch und köstlichen Wein genießen können.

- Valun bb Juna | Tel. 051/52 50 84

AKTIVITÄTEN

Diving Cres

Die deutschsprachige Tauchschule bietet von April–Okt. Tauchkurse und -exkursionen an, Ausrüstung kann man leihen.

- Autocamp Kovačine
  Tel. 051/57 17 06
  www.divingcres.de

INSEL LOŠINJ 25 B4

Von Osor im Süden der Insel Cres führt eine Drehbrücke nach Lošinj, dessen dichte Kiefern- und Pinienwälder für sattes Inselgrün und aromatische Luft sorgen. Den Mittelpunkt der Inselhauptstadt **Mali Lošinj** bildet das von Restaurants und Cafés gesäumte Hafenbecken am Ende einer schmalen Bucht. Hauptattraktion ist ein nahezu unbeschädigt aus dem Meer geborgener antiker Bronzejüngling, der Apoksiomen. Im eigens ausgebauten Museum präsentiert ihn die Stadt stolz der Öffentlichkeit (Riva

GEIER UND DELFINE

Ob und wie viel der Staat zum Schutz von Umwelt und bedrohten Arten unternimmt, ist ein strittiges Thema in Kroatien. Tatsächlich scheinen es eher Privatinitiativen zu sein, die engagierte Umwelt- und Tierschutzarbeit leisten. Eine war **Caput Insulae.** Sie kümmerte sich um verletzte Gänsegeier, von denen es auf der Insel nicht mehr viele gibt, und wilderte die Vögel wieder aus. Ihre Arbeit übernahm das **Beli Visitor and Rescue Centre for Griffon Vultures.** Besucher können dort die betreuten Tiere in ihren Volieren beobachten und sich über das Projekt informieren, das versucht, auch die Schäfer der Insel in den Naturschutz einzubinden.

Das Engagement von **Plavi Svijet** in Veli Lošinj gilt den Delfinen in der Adria und speziell im Schutzgebiet um Cres und Lošinj. Der Bestand wird beobachtet, neue Sichtungen verzeichnet, die Bevölkerung zur Rücksicht auf die Meeressäuger angehalten, und es werden Adoptionen von Delfinen vermittelt. Das Zentrum finden Sie in Veli Lošinj.

- **Beli Visitor and Rescue Centre for Griffon Vultures** C3
  Beli 4, Cres | Mobil-Tel. 091/1 84 05 25, www.belivisitorcentre.eu | Sommer tgl. 10–18 Uhr, Winter Di–So 10–14, Eintritt Sommer 40 Kn, Winter 25 Kn
- **Plavi Svijet** B4
  Kaštel 24 | 51551 Veli Lošinj | Tel. 051/60 46 66 | www.blue-world.org

lošinjskih kapetana 13, www.muzejapoksiomena.hr, Sommer Di–So 9 bis 22 Uhr, Eintritt 50 Kn).

Ruhiger geht es am Kiesstrand der **Čikat-Bucht** zu und im 4 km entfernten **Veli Lošinj.** Aus dem Städtchen stammten viele Kapitäne, die sich nach abenteuerlichem Seefahrerleben in den heute noch erhaltenen, hübschen Villen zur Ruhe setzten. Malerisch gruppieren sich um das Hafenbecken alte Häuser, in denen Geschäfte, Cafés und Restaurants locken. Hübsch auch die angrenzende Bucht von **Rovenska.**

INFO

Tourismusverband

- Priko 42 | 51550 Mali Lošinj
  Tel. 051/23 18 84 | www.visitlosinj.hr

HOTELS

Apoksiomen €€€

In diesem modern-komfortablen Haus logieren Gäste direkt an der Promenade.

- Riva Lošinjskih kapetana 1
  Mali Lošinj | Tel. 051/52 08 20
  www.apoksiomen.com

Wellnesshotel Aurora €€€

Das moderne Hotel an der Sonnenbucht verwöhnt die Gäste in seinem Wellnesscenter nach allen Regeln der Kunst.

- Sunčana uvala 4 | Mali Lošinj
  Tel. 051/66 72 00
  www.losinj-hotels.com

Saturn €

Perfekt am Hafen gelegene Frühstückspension mit modernen Zimmern.

- Obala Marsala Tita 1 | Veli Lošinj
  Tel. 051/23 66 04
  www.pansion-saturn.com

RESTAURANTS

Baracuda €€

Nettes, lebhaftes Fischrestaurant am Hafen.

- Priko 31 | Mali Lošinj | Tel. 051/23 33 09

Konoba Corrado €€

Die gemütliche Konoba liegt nicht direkt am Meer und ist deshalb weniger touristisch, dafür aber umso authentischer. Gute Grillgerichte!

- Svete Marije 1 | Mali Lošinj
  Tel. 051/23 24 87
  www.facebook.com/konobacorrado

AKTIVITÄTEN

Sunbird

Deutschsprachige Surf- und Katschule in der Čikat-Bucht, mit Fahrradverleih.

- Čikat | Mali Lošinj
  Mobil-Tel. 095/8 37 71 42
  www.sunbird.de

INSEL KRK 4

Krk zählt mit seinen weitläufigen Kiesstränden und kleinen Felsbuchten zu den beliebtesten Badeinseln Kroatiens und ist bequem über eine fast 1,5 km lange, mautpflichtige Brücke (Krčki most) vom Festland erreichbar. Zwischen Merag/Cres und Valbiska/Krk schippern in der Hochsaison die Fähren im Dauerbetrieb hin und her, in ruhigeren Monaten starten die Schiffe meist stündlich.

KRK-STADT 26 B3

Vom Meer aus wirkt die Stadt wie ein Theater, denn die Häuser staffeln sich vom Hauptplatz **Vela placa** steil die Hügel hinauf. Wo früher das römische Forum lag, findet man heute alles, was zu einem venezianischen Verwaltungszentrum gehörte: Loggia, Uhrturm und einen steinernen Brunnen.

Sehenswert ist die **Kathedrale,** deren drei Schiffe römische Säulen tragen (Zutritt durch Sv. Kvirin). Nebenan verbirgt sich in der aus zwei Etagen bestehenden Kirche **Sv. Kvirin** ein schlichter, romanischer Kirchenraum, darüber ein **Museum sakraler Kunst.** Höhepunkt der Ausstellung ist ein vergoldetes Altarretabel aus dem 15. Jh. (tgl. 18.30 bis 24 Uhr, Winter geschl., Eintritt 30 Kn).

INFO

Tourist Info Center

- J.J. Strossmayera 9 | 51500 Krk
  Tel. 051/22 02 26
  www.tz-krk.hr

HOTEL

Koralj Romantic Hotel €€

Zweckmäßig gestaltetes Hotel am Strand; ca. 10 Gehminuten zur Altstadt.

- Vlade Tomašića bb | Krk
  Tel. 051/65 50 00 | www.valamar.com

RESTAURANT

Konoba Corsaro €€

Rustikal eingerichtete Konoba; Spezialität sind *Šurlice Casanova,* Kvarner Nudeln mit Trüffeln und Speck.

- Obala hrvatske mornarice 2 | Krk
  Mobil-Tel. 098/25 82 31
  www.konoba-corsaro.com

SHOPPING

Zlatna Žlahtina

Im 6 km entfernten Vrbnik wird einer der besten Weißweine Kroatiens gekeltert. Hier kann man den gleichnamigen Wein verkosten und natürlich erwerben.

Eine kühn angelegte Brücke führt vom Festland auf die Insel Krk

- Namori 2 | 51516 Vrbnik
  Tel. 051/85 71 01
  www.facebook.com/pzvrbnik

PUNAT 27 ★ B3

Punat liegt an einer runden, zum Meer hin fast völlig abgeschlossenen Bucht, in der sich heute eine große Marina ausbreitet. Gesäumt ist die Bucht von schönen Sandstränden. Auf dem vorgelagerten Klosterinselchen **Košljun** leben seit dem 12. Jh. Mönche; das Kloster wartet mit einem Botanischen Garten und einer mit wertvollen Schriften gefüllten Bibliothek auf (April bis Okt., Mo–Sa 9.30–17, So 10.30 bis 12.30, Winter Mo–Sa 9.30–15, So 10.30–12.30 Uhr, Eintritt 20 Kn, Fähre 40 Kn). Ausflugs- und Taxiboote verkehren im Sommer regelmäßig von Punats Hafen zur Insel.

HOTEL

Kanajt €€

Das charmante Hotel ist ganz auf Skipper-Bedürfnisse eingestellt. Es ist maritim eingerichtet, bietet aktuelle Wettervorhersagen online, und abends ist super Stimmung im Restaurant

- Kanajt 5 | 51521 Punat
  Tel. 051/65 43 40 | www.kanajt.hr

STARA BAŠKA 28 C3

Im 12 km entfernten Ort findet man einsame Buchten mit Kiesstränden und einfache Restaurants.

RESTAURANT

Nadia €

Nettes Restaurant direkt am Hafen. Serviert werden gute Fisch- und Fleischgerichte, für Übernachtungsgäste gibt es einige hübsche Zimmer. Geöffnet von Ostern bis Okt.

- Stara Baška 253
  Tel. 051/84 46 63 | www.nadia.hr

AKTIVITÄTEN

Euro Dive

Die deutschsprachig geführte Tauchbasis bietet Pakete in Kooperation mit der Pension Nadia gleich nebenan.

- Stara Baška 253
  Mobil-Tel. 099/3 38 01 99
  www.euro-divers.com

BAŠKA 29 C3

Baška ist wie Krk ein altes Inselstädtchen, nur sieht man davon auf den ersten Blick nicht viel, denn Hotels, Ferienhäuser, Restaurants und Stände bestimmen den hübschen Ortskern. Der Grund für diese Beliebtheit ist schnell gefunden: Der lange Strand von Baška besteht aus feinem Kies, stellenweise auch aus angeschüttetem Sand, was Familien mit kleinen Kindern anlockt. Reizvoll ist auch die bergige Umgebung, durch die markierte Wanderrouten führen.

In dem 2 km nordwestlich von Baška gelegenen **Jurandvor** wird im Kirchlein Sv. Lucija (11./12. Jh.) eine Kopie der berühmten »Tafel von Baška« aufbewahrt, eine Steintafel mit glagolitischer Inschrift › S. 46. Das wertvolle Original hütet die Akademie der Künste und Wissenschaften in Zagreb.

INFO

Tourismusverband

- Ul. Kralja Zvonomira 114 | 51523 Baška
  Tel. 051/85 68 17 | www.tz-baska.hr

HOTEL

Zvonimir €€€

Das direkt am Strand gelegene Komforthotel verwöhnt Gäste mit Pool und schickem Wellnesscenter. Unter den Häusern am Strand von Baška konkurrenzlos die Nummer eins.

- Baška | Tel. 051/65 62 23
  www.valamar.com

RESTAURANT

Cicibela €€

Unter den Restaurants an der Uferpromenade zählt dieses dank seiner aromatischen Grillgerichte zu den besten.

- Emila Geistlicha | Baška
  Tel. 051/85 60 13 | www.cicibela.hr

INSEL RAB

Ihre landschaftlichen Kontraste mit einer eher kargen Ostseite und einer üppig grünen Westseite, gesäumt von herrlichen Buchten mit kristallklarem Meer, machen die Reize der Insel Rab aus. Fähren pendeln ab Stinica bzw. von Krk aus ab dem Hafen von Valbiska. Von dort tuckert das Schiff zwischen kahl geschliffenen Felsbuckeln in die Bucht von Lopar (Fahrplan www.jadrolinija.hr).

LOPAR 30 C3

Der Ort besitzt einen der berühmtesten Strände der Kvarner Bucht, denn hier, am Sandstrand **San Marino,** sollen zu Beginn des 20. Jhs. das erste Mal in Kroatien alle Hüllen gefallen sein. Nackt liegt heute niemand mehr an der Bucht, FKK findet auf Rab an einsamen Buchten und nicht vor den Augen der Öffentlichkeit statt.

RAB-STADT 31 C3

Rab ist eine der schönsten Städte der kroatischen Adria. Wie ein Schiffsbug schiebt sich die Altstadt auf einer schmalen Landzunge ins Meer, Kirchtürme stechen wie warnende Finger hintereinander ins Himmelsblau.

Zu Füßen dieses viel fotografierten Panoramas liegen drei geschäftige Straßen, in denen es nur mittags etwas ruhiger wird. Steile Treppengassen verbinden sie untereinander und mit der Gornja ulica ganz oben, an der entlang sich eine Kirche an die andere reiht. Ganz unten am Hafen bieten die Cafés am bezaubernden Hauptplatz Trg Municipium Arba Gelegenheit, umgeben von venezianischen Palazzi dem bunten Treiben am Kai zuzusehen. Eine kühle Oase ist der **Park Komrčar** mit uralten, exotischen Bäumen.

INFO

Tourismusverband

- Trg Municipium Arba | 51280 Rab
  Tel. 051/72 40 64 | www.rab-visit.com

HOTELS

Arbiana Hotel €€€

Stilvoll restauriertes Stadtpalais am Hafen, mit Antiquitäten eingerichtete Zimmer und ein exquisites Restaurant.

- Obala Kralja Krešimira 12 | Rab
  Tel. 051/72 55 63
  www.arbianahotel.com

Epario €€

Familiengeführtes Mittelklassehotel nicht weit von Lopars Sandbucht.

- Lopar 463 | Tel. 051 77 75 00
  www.epario.net

Wie ein Schiffsbug ragt die Altstadt von Rab ins blaue Meer

Istra €€

Einfacheres Stadthotel zwischen Hafen und dem Park Komrčar. In der Hochsaison kann es allerdings auf der Hafenpromenade bisweilen recht laut werden.

- M. de Dominisa bb | Rab
  Tel. 051/72 41 34 | www.hotel-istra.hr

RESTAURANTS

Ana €€

Das Restaurant liegt im neueren Stadtteil und begeistert durch sehr untouristische, qualitativ hochwertige Gerichte zu moderaten Preisen. Auch Pizza im Angebot.

- Palit 80 | Rab
  Tel. 051 72 43 76 | www.rab-ana.com

Santa Marija €€

Edel-Konoba in der Altstadt, berühmt für ihre ausgezeichneten Fischgerichte.

- Dinka Dokule 6 | Rab
  Tel. 051/72 41 96

Velum €€

Modernes Design und gute mediterrane Küche zeichnen dieses Restaurant im Geschäftszentrum Palit aus.

- Palit 71 | Rab | Tel. 051/77 48 55

NIGHTLIFE

San Antonio Club

Café-Bar und nachts ein beliebter Klub mit Partyzone und Live-Events.

- Trg Municipium Arba 4 | Rab
  Tel. 051/72 41 45
  www.sanantonio-club.com

SHOPPING

Natura Rab

Naturprodukte vom Erzeuger, besonders der Honig ist köstlich. Der Familienbetrieb hat seine Verkaufsstelle an der Hauptstraße von Rab-Stadt zur Fähre.

- Barbat | Rab | Tel. 051/72 19 27
  www.natura-rab.hr

NORD-DALMATIEN

Der Strand bei Nin nördlich von Zadar ist ein beliebtes Ausflugsziel

Kontraste: Zadar, Šibenik, Trogir und Split bieten kulturelle Highlights, die Nationalparks Plitwitzer Seen, Paklenica, Kornaten und Krka ungezähmte Natur. Beach-Partys locken auf Pag, einsame Badebuchten auf Vis.

Norddalmatien ist die Region der schmalen Wasserstraßen, der hintereinander gestaffelten Festlands- und Inselgebirge. Nirgendwo an der kroatischen Adria wird so deutlich, dass die dalmatinischen Inseln nur überflutete Bergketten sind. Die steilen Hänge des **Velebit** begleiten die Küstenlinie; zu seinen Füßen drängen sich Städtchen und Dörfer an winzige Buchten. Hier lockt die schroffe Karstlandschaft wie im **Nationalpark Paklenica,** in dem Freeclimber um die Wette klettern. Zum Baden lädt die schmale **Insel Pag** ein – ihre von der Bora abgeschliffene Mondlandschaft hat einen eigenwilligen Reiz. Und von Karlobag bietet sich ein Abstecher zum bekanntesten kroatischen Nationalpark an: den **Plitwitzer Seen.** Die Inselriegel vor dem Festland setzen sich auch südlich fort: **Ugljan, Pašman, Dugi Otok** und der Archipel der **Kornaten** begeistern Segel- und alle anderen Wassersportler. Auf dem Festland hingegen erwartet den Besucher kunstvolle Architektur: **Zadar, Šibenik** und **Trogir** sind wahre Schatzkammern. Kultureller Höhepunkt ist die römische Kaiserstadt **Split.** Von hier legen die Fähren ab zur **Insel Vis,** einem kleinen Adria-Idyll.

TOUREN IN DER REGION

TOUR 3

VON BIOGRAD AUF DIE INSELN

ROUTE: Biograd na moru › Insel Pašman › Insel Ugljan › Zadar › Dugi Otok › Zadar

KARTE: Seite 79

LÄNGE: 121 km, 2 Tage

PRAKTISCHER HINWEIS:

- Fährpassagen können nicht vorausgebucht werden. Prüfen Sie vorab den Fahrplan, der sich jährlich ändert! Transferzeiten jeweils 30 Min., nach Dugi Otok 50 Min.

TOUR-START:

Von **Biograd na moru** 7 › S. 89 setzt man mit der Fähre nach Tkon auf der Insel Pašman über. Wie der

Karte S. 79

Leuchtturm auf Dugi Otok

nördliche Nachbar Ugljan ist das lang gestreckte Eiland entlang der Ostküste intensiv landwirtschaftlich genutzt, während ein bis zu 260 m hoher, karger Bergrücken die Westküste beherrscht. Fuß- und Ziegenpfade führen zu einsamen Buchten. Die einzige Straße verbindet Tkon über Pašman-Stadt mit der Nordspitze, Abstecher führen kurz hinter Tkon zum Benediktinerkloster Sv. Kozma i Damjan mit glagolitischen Inschriften am Kirchenportal (Juni–Sept. Mo–Sa 16–18 Uhr) und bei Kraj zu einem Franziskanerkonvent mit Renaissancekreuzgang.

Pašman und Ugljan waren ursprünglich ein Eiland; Ende des 19. Jhs. wurde dessen Landenge für den Schiffsverkehr durchstochen, wo heute eine Brücke nach Ugljan führt. Ugljan ist die dichter besiedelte, lebhaftere Insel. Gleich der erste Ort Kukljica besitzt einen der schönsten Strände Dalmatiens: An der Ferienanlage Zelena Punta beschatten Kiefern die Kies- und Sandstrände und das türkisblaue Meer (Tel. 023/37 33 37, www.zelenapunta.hr, €). Zu Fuß sind weitere Sandbuchten wie Sabuša zu erreichen. Über das Hafenstädtchen Preko erreichen Sie die Nordspitze Ugljans bei Muline, wo Fundamente einer römischen Ölmühle erhalten sind. Auch hier locken idyllische Buchten, jedoch mit wenig Schatten. Entweder übernachtet man hier (auf die Schilder *sobe*, Zimmer, achten), oder man kehrt wieder nach Preko zurück und fährt mit der Fähre nach **Zadar** 5 › S. 84 weiter.

Am nächsten Morgen geht es erneut aufs Schiff: Die 43 km lange und maximal 4 km breite Insel Dugi Otok trägt ihren Namen »lange Insel« nicht von ungefähr. Von dem alten Salinenort Sali im Süden ist es nur ein kurzer Abstecher nach Südwesten zur Telaščica-Bucht. Das unter Naturschutz stehende Gebiet grenzt an den wunderschönen **Kornaten-Nationalpark** 9 › S. 91 und gilt als einer der sichersten Häfen der Adria. Entsprechend groß ist im Sommer der Andrang schmucker Jachten. Dugi Otok besteht hauptsächlich aus einem bis zu 340 m hohen Plateau, das nach Ost wie West relativ steil ins Meer abfällt und traumhafte Ausblicke auf die Inseln der Kornaten bietet. Nördlichster Ort ist Božava, der Außenposten der Insel auf den äußersten Felsen ist der Leuchtturm Veli rat. Dugi Otok ist Natur pur, Wanderwege erschließen das Eiland.

Empfehlenswert ist auch eine Fahrradtour von Sali nach Veli Rat.

TOUREN IN NORDDALMATIEN

TOUR 3

VON BIOGRAD AUF DIE INSELN

Biograd > Insel Pašman > Insel Ugljan > Zadar > Dugi Otok > Zadar

TOUR 4

VON SPLIT NACH VIS UND BIŠEVO

Split > Insel Vis > Insel Biševo > Split

Die 43 km lange Strecke wartet mit einem Anstieg von 140 m auf und ist deshalb auch für Hobbyradler geeignet. Sie führt über Zaglav, Žman, Luka, Savar, Brbinj, Dragove und Božana. Eine Detailkarte mit allen Wander- und Fahrradwegen auf Dugi Otok ist beim Tourismusverband erhältlich (**TZG Sali,** Obala Petra Lorinja, Tel. 023/37 70 94, www.dugiotok.hr). Vom Fährhafen Sali kehren Sie zurück nach Zadar.

TOUR 4

VON SPLIT NACH VIS UND BIŠEVO

ROUTE: Split > Insel Vis > Insel Biševo > Split

KARTE: Seite 79
LÄNGE: 2 Tage, Fährpassage Split–Vis 2,5 Std., auf Vis 34 km, Ausflug Biševo 1/2 Tag
PRAKTISCHE HINWEISE:
- Für die Schiffspassagen zwischen Split und Vis per Fähre oder Katamaran (nur Passagiere) rechtzeitig am Hafen sein.
- Busse verkehren nur zwischen Vis-Stadt und Komiža.

TOUR-START:

Meist gegen 9 Uhr morgens startet in **Split** 14 › S. 96 die Autofähre zur ursprünglichen, weit vorgelagerten Insel Vis › S. 101, die im ehemaligen Jugoslawien Sperrgebiet war. Die Rundtour um das Eiland bzw. seinen höchsten Gipfel Hum (587 m) beginnt im hübschen, venezianisch geprägten **Vis-Stadt** 16 › S. 101. Von hier in Richtung Süden führt die asphaltierte Straße vorbei an blühendem Klatschmohn, zieht durch Rebgärten, steigt über eine Passhöhe und senkt sich auf der Westseite der Insel hinab in die geschützte Bucht von Komiža. Beim Weiler Podšpilje können Sie noch ein Stück bergauf fahren und dann die letzten Höhenmeter zur Tito-Höhle (Titova Špilja) zu Fuß gehen. Hier soll sich der jugoslawische Partisanenchef vor deutschen Häschern versteckt haben. Dann führt die Straße hinunter nach Komiža. Wenn Sie hier übernachten, können Sie die Insel **Biševo** 18 › S. 102 mit der berühmten Blauen Grotte (Modra špilja) besuchen. Auf der nördlichen Inselstraße kehrt man nach Vis-Stadt zurück und besteigt die Fähre nach Split.

VERKEHRSMITTEL

- Busse verkehren zwischen den Städten, teils auch auf die Inseln, kleinere Orte werden aber selten bedient.
- Am bequemsten reisen Sie mit dem eigenen Fahrzeug. In der Hochsaison müssen Sie allerdings mit Staus und Wartezeiten an den Fähranlegern und mit Verkehrsbehinderungen rund um die beliebten Badeorte rechnen.
- Fähren zwischen Festland und Inseln sowie zwischen den Inseln fahren in den Sommermonaten je nach Passagieraufkommen teils ohne Pause. Außerhalb der Saison ist der Fahrplan eingeschränkt, einige Linien fallen ganz weg. Infos unter www.jadrolinija.hr.

UNTERWEGS IN NORDDALMATIEN

INSEL PAG

Die 63 km lange, zerklüftete Insel bildet mit ihren tief eingeschnittenen Buchten eine äußerst karge, aber reizvolle Welt für sich. Im Frühjahr und Herbst wird sie von der eisigen Bora heimgesucht, vor der die Bauern ihr dürftiges Land mit Steinwällen schützen. Das Eiland verbindet eine 300 m lange Brücke mit dem Festland.

PAG-STADT 1 C4

Pag, die Inselhauptstadt, wurde von 1483 bis 1503 nach Entwürfen des Baumeisters Juraj Dalmatinac im Stil der Renaissance errichtet. Den Mittelpunkt des Ortes bildet die Kirche **Sveta Marija,** deren Fassade eine Darstellung der Schutzmantelmadonna im Tympanon und eine gotische Fensterrose zieren. Die Rose nimmt das traditionelle Muster der Pager Klöppelspitzen auf, die bis heute in Heimarbeit angefertigt werden. > mehr S. 14 Punkt 14

Einblicke in die traditionelle Meersalzgewinnung erhält man bei den Salinen südlich der Stadt. > mehr S. 18 Punkt 38

Gesunde Heilschlammbäder, gut bei Hauterkrankungen und Rheuma, genießt man im Südwesten, im Stadtteil Lokunja.

INFO

Tourismusverband Pag

- Ulica od Špitala bb | 23250 Grad Pag
  Tel. 023/61 12 86 | www.tzgpag.hr

RESTAURANT

Bistro na Tale €€

Auf der Karte stehen Inselspezialitäten wie Lamm oder in Wein und Kräutern gedünsteter Fisch. Schöner Blick über die Saline.

> mehr S. 13 Punkt 12

- Radićeva 2 | Grad Pag | Tel. 023/61 11 94

SHOPPING

Käserei Sirana Gligora

Pag ist bekannt für aromatischen Schafskäse, den man z. B. bei dieser Käserei zwischen Pag und Novalja kaufen kann.

- Figurica 20 | 23251 Kolan
  Tel. 023/69 80 52
  www.facebook.com/sirana.gligora

Sanft schaukeln die bunten Fischerboote im Hafen von Pag-Stadt

Überaus feine **Klöppelspitzenarbeiten** bieten Frauen entlang der Straßen Kralja Tomislava und Dmitra Zvonimira an, die Preise sind relativ hoch.

NOVALJA 2 C4

Das Städtchen ist kleiner als Pag, stellt aber die Rivalin mit einem netten Hafen, Palmenpromenaden und einem Kiesstrand in den Schatten. Im Sommer ist es eine der heißesten Partymeilen Dalmatiens: **Zrće-Beach** ist das Dorado für House- und Techno-Fans – ruhebedürftige Urlauber sollten Novalja im Juli und August besser meiden. Im **Gradski muzej** (Stadtmuseum) verbirgt sich der Zugang zu einem römischen Kanal zur Wasserversorgung. Die mannshohe Leitung verläuft etwa 2 km unterirdisch; 300 m weit dürfen Besucher vordringen (Trg Dr. F. Tuđmana, Juni–Okt. tgl. 9–13, 18 bis 22 Uhr, So. vorm. geschl., Eintritt 15 Kn, www.muzej.novalja.hr).

HOTEL

Luna Island €€

Das in kühler Sachlichkeit gestaltete Hotel bietet modernen Komfort oberhalb eines Fels-Kies-Strands.

- Jakišnica 289a | Lun
  Tel. 053/65 47 00
  www.lunaislandhotel.com

RESTAURANT

Boškinac €€

Idyllisch zwischen Weinreben und Olivenbäumen gibt es modern-mediterrane Küche mit heimischen Zutaten.

- Šopaljska ul. 220 | Novalja
  Mobil-Tel. 091/610 63 65
  www.boskinac.com

AKTIVITÄTEN

Lagona-Divers

Pag ist ein interessantes Tauchrevier: In der Bucht Vlaška Mala wurde das Wrack eines römischen Schiffes mit Amphoren aus dem 1. Jh. v. Chr. gefunden. Das Tauchzentrum organisiert von März bis November Tauchgänge und -kurse.

- Korda 15 | Stara Novalja
  Mobil-Tel. 098/1 63 10 08
  www.lagona-divers-pag.com

NATIONALPARK PLITWITZER SEEN 3 5 C3

Der Nationalpark (Nacionalni Park Plitvička Jezera) dürfte Freunden von Karl-May-Filmen zumindest bildhaft ein Begriff sein, denn »Winnetou« Pierre Brice paddelte und ritt für die Filmaufnahmen in dieser herrlichen Landschaft. Gedreht wurde hier u. a. »Der Schatz im Silbersee«. Der Staat das 200 km^2 große Areal 1949 in einen Nationalpark verwandelt, und 20 Jahre später hat die UNESCO es zum Weltnaturerbe erklärt.

Gut markierte Wanderwege führen an rauschenden Wasserfällen vorbei, die über bemooste Felsabbrüche in 16 unterschiedlich hoch gelegene Seen stürzen, in deren Kalksteintrögen das Wasser türkis schimmert. Der Kozjak-See lässt sich per Elektroboot überqueren.

Satte Vegetation wuchert überall dort, wo die Wurzeln von Gras, Sträuchern und Bäumen Halt finden. Auf dem paradiesischen Flecken dehnen sich die letzten europäischen Urwälder aus, und in den

Schmale Stege schlängeln sich zwischen den Seen im Nationalpark Plitwitzer Seen

Refugien von Hainbuchen, Tannen, Fichten und Steineichen fühlen sich viele gefiederte Arten wie Wiedehopf, Eisvogel, Kauz und Kuckuck heimisch. › mehr S. 16 Punkt 23

INFO

Nacionalni Park Plitvička Jezera

Im Winter tgl. 9–16, Frühling/Herbst 8–18, Sommer 7–20 Uhr. Geführte Wanderungen können bei der NP-Verwaltung gebucht werden. Eintritt Winter 55 Kn, Sommer bis 16 Uhr 250 Kn, dann 150 Kn.

- 53231 Plitvička Jezera | Tel. 053/75 10 15 www.np-plitvicka-jezera.hr

VERKEHR

- **Anfahrt mit dem eigenen Kfz:** Für die rund 100 km von Karlobag an der Küste zum Nationalpark sollte man mindestens 2 Std. Zeit einplanen, denn der 589 m hoch gelegene Pass Stara Vrata ist mit seinen engen Serpentinen ein Nadelöhr, durch das sich Lkws quälen.
- **Bahnverbindungen**: Nächster Bahnhof ist Vrhovine an der Strecke Zagreb–Split.
- **Busverbindungen**: Zum Nationalpark von Senj, Karlovac und Zadar aus.

HOTEL

Jezero €€–€€€

Hotel aus den 1980ern mitten im Grünen des Nationalparks und mit herrlichem Blick über die Seen.

- NP Plitvička Jezera | Tel. 053/75 15 00 www.np-plitvicka-jezera.hr

RESTAURANT

Poljana €–€€

Das Restaurant gliedert sich in einen Selbstbedienungsbereich und einen gemütlichen Speiseraum mit Service. Von der Terrasse blickt man auf die Oberen Seen.

- Velika poljana | ulaz 2

Karte S. 79

PAKLENICA-NATIONALPARK 4 D4

Einige Kilometer hinter Starigrad leitet ein unscheinbarer Wegweiser in den fast 40 km² großen Nationalpark im Velebit-Massiv. Der Paklenica-Fluss bahnt sich hier zwischen den Felsen seinen Weg Richtung Adria, sein reißendes Wasser – eine Seltenheit im weichen Kreidekalkstein – wusch die tiefen Schluchten **Velika** und **Mala Paklenica** (»Große und Kleine Hölle«) aus. Auf gut markierten Wegen führen Wanderungen durch spektakuläre Berg- und Schluchtenlandschaften, die senkrechten Wände aus Triaskalk sind auch ideales Trainingsterrain für Felskletterer. Über 300 Routen sind ausgewiesen, die meisten im anspruchsvollen Schwierigkeitsbereich zwischen Grad 5 und 6. Für Freeclimber sind die Wände der Paklenica-Schluchten fast das ganze Jahr über ein Paradies. Für Höhlenfans gibt es ein unterirdisches Märchenreich: die **Manita peć** bei der Großen Paklenica mit ca. 20 m langen Stalaktiten und riesigem Höhlenraum. › mehr S. 13 Punkt 9

Auch auf der Talsohle hat das 1949 unter Naturschutz gestellte Gebiet ungeahnte Reize. Feigenbäume, verkrüppelte Eichen und Hainbuchen bilden mit Ginsterbüschen und anderen Gewächsen ein mannigfaltiges Pflanzenkleid. In den Überresten verfallener Bauernhöfe und verwilderter Gärten sonnen sich Eidechsen, harmlose Nattern und auch Kreuzottern.

INFO

Nacionalni Park Paklenica

Park im Sommer 6–20.30, Höhle April Sa 10–13, Mai/Juni/Okt. Mo, Mi, Sa 10–13, Juli bis Sept. tgl. 10–13 Uhr geöffnet. Parkeintritt 60 Kn, Höhle zusätzlich 30 Kn.

- Dr. F. Tuđmana 14a | 23244 Starigrad
  Tel. 023/36 98 03
  www.np-paklenica.hr

HOTEL

Vicko €€

Freundliches Haus in Strandnähe mit großem Gartenlokal und Aktivangeboten.

- J. Dokoze 20 | Starigrad
  Tel. 023/36 93 04 | www.hotel-vicko.hr

RESTAURANT

Konoba Marasović €

Rustikale, authentische Küche und herzliche Gastgeber – eine Konoba, wie sie sein soll!

- Trg Marasovića | Starigrad
  Tel. 023/35 93 39

ZADAR 5 ★ C4

Idassa, Jadera, Diadora, Zara, Zadar – die heute 80 000 Einwohner zählende Küstenstadt trug in ihrer wechselhaften Vergangenheit viele Namen. Immer wieder erlitt sie Zerstörungen und jedes Mal erhob sie sich wie ein Phönix aus ihren Ruinen. Diese Vielfalt an kulturellen Schichten macht einen Besuch in der ehemaligen Hauptstadt Dalmatiens mit ihren wehrhaften Stadtmauern und schlanken Kirchtürmen spannend. Zudem ist sie weniger vom Tourismus geprägt als viele andere Hafenstädte. Der kroatische Alltag ist hier gut erlebbar.

Karte S. 87

GESCHICHTE

Als Split im 7. Jh. Salona als Zentrum des byzantinischen Dalmatien ablöste, begann die eigentliche Stadtentwicklung von Zadar. 1202 wurde es das erste Mal zerstört, weil es sich Venedigs Einfluss zu entziehen suchte. 1409 verkaufte der letzte ungarisch-kroatische König Ladislav Napuljski schließlich den gesamten dalmatinischen Landstrich an Venedig.

1797–1918 stand die Stadt unter österreichischer Herrschaft und wurde dann bis 1945 eine italienische Enklave. Ende des Zweiten Weltkrieges war Zadar ein Ruinenfeld, 1947 begann unter Tito der Wiederaufbau, zwischen 1991 und 1995 erlitt Zadars Altstadt schwere Artillerieschäden durch militante Kraijna-Serben und die jugoslawische Armee.

DIE ALTSTADT

Die autofreien Gassen der malerischen Altstadt mit dem quirligen Obst- und Gemüsemarkt eignen sich auch für einen gemütlichen Einkaufsbummel und zur Einkehr in einem Café oder einer Konoba bei einem Glas Maraschino-Kirschlikör, einer Spezialität nach traditioneller Rezeptur aus Zadar.

VOM LANDTOR ZUR DONATUSKIRCHE

Nur einige Schritte vom kleinen **Bootshafen** (Foša) A entfernt, der durch einen Teil des ehemaligen Stadtgrabens gebildet wird, führt das 1543 von Michele Sanmicheli aus Verona geschaffene **Landtor** (Kopnena Vrata) B in die Altstadt. Das stolze Bauwerk in Form eines römischen Triumphbogens ist das bedeutendste Meisterwerk der Renaissance in Zadar und trägt den geflügelten venezianischen Löwen und das Stadtwappen.

Hinter dem Tor biegt nach rechts die Ulica Andrije Medulića ab, die sich zum kleinen, mit einer römischen Säule geschmückten Platz, dem **Trg Petra Zoranića,** öffnet. Nebenan dehnt sich der **Trg pet bunara** (Platz der fünf Brunnen) C aus, bis ins 19. Jh. lieferten die Brunnen, die sich oberhalb einer Zisterne befinden, der Stadt Wasser.

Hinter der römischen Säule erhebt sich die Fassade von **St. Simeon** (Sveti Šimun) D. Die in ihren ältesten Teilen aus dem 14. Jh. stammende Kirche birgt einen besonderen Kunstschatz: Über dem Hauptaltar halten zwei bronzene Barockengel den aus Silberblech getriebenen, über fünf Zentner schweren Sarkophag des hl. Simeon.

Zentrum der Altstadt ist der **Volksplatz** (Narodni trg) mit einer modern verglasten **Loggia** (Gradska Loža) E von 1562 und der aus dem selben Jahr stammenden ehemaligen Stadtwache, in der heute das **Volkskundemuseum** (Etnografski Muzej) F einen Einblick in das Alltagsleben Dalmatiens gibt (Narodni trg, Sommer tgl. 9–20, Winter Mo–Fr 9–18, Sa, So 9–13 Uhr, Eintritt 20 Kn). Am Volksplatz steht neben dem 1936 errichteten **Rathaus** (Dvor) G noch der **Palazzo Ghirardini-Marci** H, ein hübscher Bau mit spätgotischem Fenster.

Sv. Donat mit Römischem Forum

Die von kleineren Geschäften gesäumte Široka ulica führt nach Westen zum **Archäologischen Museum** (Arheološki Muzej) **I**. Tonkrüge, Grabplatten, Schmuck und Skulpturen dokumentieren hier Zadars Geschichte (Trg opatice Čike, Nov. bis März Mo–Fr 9–14, Sa 9–13, April, Mai, Okt. Mo–Sa 9–15, Juni–Sept. tgl. 9–21 Uhr, Eintritt 20 Kn).

In der Nähe des Museums stehen Zadars berühmteste Baudenkmäler: Die dreischiffige **Marienkirche** (Sveti Marija) **J** besitzt zwar eine Renaissancefassade, dahinter versteckt sich aber eine schon Ende des 11. Jhs. geweihte Basilika. Im Spätbarock ließen die Benediktinerinnen den Kirchenraum mit aufwendigen Stuckornamenten ausstatten. Im angeschlossenen **Kloster** zeigt die Ausstellung Zlato i srebro Zadra den wertvollen Kirchenschatz von Sv. Marija (Trg opatice Čike 1, Sommer Mo–Sa 10–13, 17–19, So 10–13, Winter Mo–Sa 10–12.30, 17–18.30, So 10–12.30 Uhr, Eintritt 30 Kn).

Die Krone unter den Kirchenbauten gebührt der **Donatuskirche** (Sveti Donat) **K**, deren Bau Bischof Donatus im frühen 9. Jh. in Auftrag gab und die als einmaliges Beispiel altkroatischer Architektur gilt. Das im Grundriss runde Gebäude mit erstaunlich guter Akustik ist 27 m hoch und besitzt drei Apsiden sowie eine Galerie im ersten Obergeschoss (April, Mai, Sept., Okt. tgl. 9–17, Juni–Aug. 9–22 Uhr, Eintritt 20 Kn).

Ein Erlebnis sind im Sommer die klassischen Musikabende in der Donatuskirche mit großen Künstlern aus dem In- und Ausland im Rahmen des Internationalen Musikfestivals (Info: www.donat-festival.com und beim Info Center › S. 88).

Vor dem Gotteshaus breitet sich das sog. **Römische Forum** (Rimski Forum) **L** aus, auf dem zur Römerzeit mehrere Gebäude standen. Heute liegen auf der etwa 90 auf 45 m großen Fläche antike Säulentrommeln, kunstvoll bearbeitete Kapitelle und Sarkophage sowie Tempelreste verstreut.

VON DER DONATUSKIRCHE ZUM SEETOR

Über die Donatuskirche reicht der Blick auf den schlanken Turm der **Kathedrale St. Anastasia** (Sveta Stošija) **M**, die auf älteren Fundamenten zwischen dem 12. und

14. Jh. erbaut wurde. Durch ein spätromanisches Mittelportal betritt man das mit barocken Altären geschmückte Hauptschiff, dessen Abschluss eine Holzdecke bildet. Der aus dem 9. Jh. stammende Steinsarkophag mit den Reliquien der hl. Anastasia liegt im nördlichen Seitenschiff (Sommer Mo–Fr 8–14, 17–19, Sa, So 8–12, sonst Mo–Fr 8–12, 18–19, Sa, So 8–12 Uhr, Turmbesteigung 15 Kn).

Zum Kreis der berühmten Sakralbauten zählt schließlich auch die **Chrysogonuskirche** (Sveti Krševan) N aus dem 10. Jh., die bereits 200 Jahre später baulich verändert und vergrößert wurde. Fassade und Apsis sind besonders schöne Beispiele romanischer Baukunst.

Wenige Häuserblocks entfernt findet man auf dem **Altstadtmarkt** (Gradska tržnica) O Stände mit Obst, Gemüse und Alltagsdingen.

A Bootshafen
B Landtor
C Trg pet bunara (Platz der fünf Brunnen)
D St. Simeon
E Loggia
F Volkskundemuseum
G Rathaus
H Palazzo Ghirardini-Marci
I Archäologisches Museum
J Marienkirche
K Donatuskirche
L Römisches Forum
M Kathedrale St. Anastasia
N Chrysogonuskirche
O Altstadtmarkt
P Seetor
Q Arsenal

Das **Seetor** (Lučka Vrata) **P** aus dem 16. Jh. führt aus dem historischen Kern auf die Hafenpromenade. Innerhalb der Mauern nach Westen gehend erreicht man das ehemalige **Arsenal** **Q**, das als Kulturzentrum wiederbelebt wurde. Weiter auf der Uferpromenade nach Südwesten empfängt die 2005 errichtete **»Meeresorgel«**, eine Installation aus Betonröhren, mit eigenwilligen, von Meer und Wind verursachten Tönen. Hier grüßt auch die Installation **Pozdrav suncu** (»Gruß an die Sonne«), eine nachts vielfarbig leuchtende Scheibe, die als Sonnenkollektor fungiert.

Im Sommer legt von der Borik Marina, westlich der Altstadt, die M/S Plava Laguna um 8 Uhr zu einer ganztägigen Bootstour durch den reizvollen Kornaten-Archipel › S. 91 ab (Kornat Excursions, Mobil-Tel. 098/89 68 95, www.kornat-excursions.hr; tgl., 50 € inkl. Mahlzeiten).

INFO

Tourist Info Center

- Ulica Jurja Barakovića 5 | 23000 Zadar
  Tel. 023/31 61 66 | www.zadar.travel

VERKEHR

- **Flughafen:** Zemunik, 12 km östlich. Zubringerbusse vom Busbahnhof, Tel. 023/20 58 00, www.zadar-airport.hr
- **Busverbindungen:** Autobusna Postaja, Ante Starčevića, neben dem Zugbahnhof, Tel. 023/21 15 55

HOTELS

Art Hotel Kalelarga €€€

Elegantes Designhotel in der Altstadt mit nur 10 Zimmern und Gourmetrestaurant.

- Ulica Majke Margarite 3 | Zadar
  Tel. 023/23 30 00
  www.arthotel-kalelarga.com

Falkensteiner Club Funimation €€

Moderner Ferienklub ca. 3 km vom Stadtzentrum am Meer mit Poollandschaft, Animation, Wellnesscenter und Sportangebot.

- Majstora Radovana 7 | Zadar
  Tel. 023/55 56 00
  www.falkensteiner.com

Kolovare €€

Moderne Sachlichkeit dominiert in dem großen teilrenovierten, komfortablen Hotel etwa 1 km östlich der Altstadt.

- Bože Peričića 14 | Zadar
  Tel. 023/21 10 17 | www.hotel-kolovare.com

Pansion Maria €€

Freundliche Familienpension in Meeresnähe, gutes Frühstück.

- Put Petrića 24 | Zadar
  Mobil-Tel. 091/5 16 14 18
  www.pansionmaria.hr

RESTAURANTS

Bruschetta €€

Eine große Auswahl kalter Vorspeisen, dazu gute Fleisch- und Fischgerichte.

- Mihovila Pavlinovića 12 | Zadar
  Tel. 023/31 29 15 | www.bruschetta.hr

Dva Ribara €€

Nettes Lokal, u. a. Pizza, in der Altstadt.

- Blaža Jurjeva 1 | Zadar
  Tel. 023/21 34 45 | www.2ribara.com

Konoba Martinac €€

Kleine Taverne, köstlicher Fisch.

- Aleksandra Paravije 7 | Zadar
  Tel. 023/25 07 53
  www.konoba-martinac.hr

NIGHTLIFE

Ledana Lounge
Chillige, spacige Loungebar, oft mit Livemusik.
- Perivoj kraljice Jelene Madijevke
Zadar
Mobil-Tel. 098/63 07 60
www.ledana.hr

The Garden
Zadars legendärer Open-Air-Nachtklub hat nichts von seinen Reizen verloren.
- Bedemi zadarskih pobuna 13
Zadar
Tel. 023/25 06 31 | www.thegarden.hr

AUSFLUG NACH NIN 6 C4

Nur 22 km nördlich von Zadar liegt auf einer künstlichen Insel der geschichtsträchtige Ort Nin. Im 1. Jh. v. Chr. errichteten hier die Römer einen Tempel, von dem noch Reste erhalten sind. Ab dem frühen 9. Jh. entwickelte sich Nin zum religiösen Zentrum Kroatiens. Anfang des 15. Jhs. bemächtigte sich Venedig der Stadt, ließ sie aber 150 Jahre später niederbrennen. Das bedeutendstes Bauwerk von Nin ist die **Heiligkreuzkirche** (Sveti Križ), das einzige vollständig erhaltene altkroatische Gotteshaus aus dem 9. Jh. Die harmonisch proportionierte Kreuzkuppelkirche gilt als »kleinste Kathedrale der Welt«.

Einer der schönsten und beliebtesten Strände in der Nähe ist der sich ganz sanft absenkende Sand- und Kiesstrand Zaton Beach im Ort Zaton, an der Straße nach Nin.

BIOGRAD NA MORU

7 D5

Der Ort (6000 Einw.) atmet Geschichte – hier wurde 1102 der ungarische König Koloman zum Herrscher über Kroatien gekrönt. Der beliebte Urlaubsort liegt malerisch zwischen großen Kiefernhainen und wartet mit guten Wassersportmöglichkeiten auf.

HOTEL

Kornati €€
Großes Hotel in einem Zweckbau am Meer mit kleineren Zimmern und Apartments; eigene Marina. Nov.–März geschl.
- Tina Ujeviica 7 | 23210 Biograd na moru
Tel. 023/38 31 65
www.ilirijabiograd.com

Am Hafen von Biograd na moru

RESTAURANT

Guste €€

Freundliches Hafenrestaurant mit Fischspezialitäten und Grillgerichten.

- Kralja Petra | Biograd na moru
  Tel. 023/38 30 25
  www.restoran-guste.com

NIGHTLIFE

Lavender Bar

Der Hotspot für die Jungen und Schönen, die auf schicken Liegen Lavendeldüfte schnüffeln und an bunten Drinks nippen.

- Im Hotel Adriatic | Tina Ujevića 5
  Biograd na moru | Tel. 023/38 35 56
  www.facebook.com/lavenderbar

AKTIVITÄTEN

Galeb Aventures

Verleih von Seekajaks, Dingis und Katamaranen und Ausflüge in die Kornaten.

- Obala Kralja Petra Kresimira IV 72
  23211 Pakoštane | Mobil-Tel. 091/5 42 39 02
  www.galebaventures.com

INSEL MURTER 8 D5

Am Hafen von Tisno, 18 km südlich von Biograd, führt eine kleine Brücke als einziger Straßenzugang auf die knapp 20 km² große Insel. Kroaten und Italiener haben das bergige Eiland mit seinen Feigen- und Olivengärten längst als Ferienziel entdeckt, geruhsam ist es hier nur noch in der Vor- und Nachsaison.

Als erster Ort der Insel kommt **Betina** im Nordosten in Sicht. Um den Hafenplatz reihen sich Bars und Cafés, von denen aus man Fischern beim Netzeflicken zusehen kann.

Das alte Städtchen **Murter** besitzt ein kleines Zentrum um den lebhaften Platz Trg Rudina mit Cafés, einen großen Jachthafen und verwinkelte Gassen. Der hübsche Fischerort ist ein guter Ausgangspunkt für einen Schiffsausflug durch den Kornaten-Nationalpark.

So grün zeigen sich die Kornaten nach den Regenfällen im Frühjahr

Karte S. 79

INFO

TZO Murter-Kornati

- Rudina bb | 22243 Murter
  Tel. 022/43 49 95 | www.tzo-murter.hr

HOTEL

Murter €€

Das Familienhotel auf einem Hügel, ca. 15 Min. von Murter-Zentrum entfernt, wird mit viel Engagement geführt. Freundlich eingerichtete Zimmer und Apartments.

- Nerezine bb | Murter
  Mobil-Tel. 098/9 61 90 72
  www.hotelmurter.com

RESTAURANT

Tic-Tac €€

Köstliche dalmatinische Speisen mit Fisch, Muscheln und Krustentieren.

- Vlade Hrokešina 5 | Murter
  Tel. 022/43 52 30 | www.tictac-murter.com

NATIONALPARK KORNATEN 9 ★6 C5

Seit Beginn der 1980er-Jahre steht die Inselgruppe unter Naturschutz. Auf einer Fläche von 220 km² erheben sich ca. 90 karge Felseilande aus dem kristallklaren Wasser. Für grüne Farbtupfen sorgen Büsche, Grasflecken oder von Menschenhand angelegte Gärten mit Oliven-, Feigen- und Kirschbäumen. Landgänge sind nur auf markierten Pfaden und auf jenen Inseln gestattet, auf denen im Sommer Konobas und Tavernen für Besucher öffnen. › mehr S. 16 Punkt 26

So enthüllt der Nationalpark Kornaten seinen Reiz im Grunde nur Bootstouristen, Seglern sowie Tauchern, besitzt doch die Inselgruppe die üppigste Unterwasserflora und -fauna der Adria. Ein- bis fünftägige Tauchexkursionen bietet ab Murter z. B. Najada an (Put Jersan 17, Tel. 022/43 60 20, www.najada.com).

INFO

Nacionalni Park Kornati

- Butina 2 | 22243 Murter
  Tel. 022/43 57 40 | www.np-kornati.hr

RESTAURANT

Konoba Opat €€

Gute Auswahl an Fisch und Meeresfrüchten. Platz lassen für ein Dessert!

- Luke 47 | Insel Kornat
  Mobil-Tel. 091/2 24 78 78
  www.opat-kornati.com

VODICE 10 D5

Auch das festländische Vodice bietet gute Bootsverbindungen auf die Kornaten. Doch die meisten Besucher kommen, um zu baden, zu flanieren oder köstlich zu speisen. An Sommerwochenenden herrscht an der Hafenpromenade Hochbetrieb.

INFO

Tourismusverband

- Obala Vladimira Nazora bb
  22211 Vodice | Tel. 022/44 38 88
  www.vodice.hr

HOTEL

Miramare €€

Das Strandhotel neben dem Hotel Olympia besitzt eine reizvolle persönliche Note.

- Ljudevita Gaja 4 | Vodice
  Tel. 022/44 09 27
  www.miramare-vodice.com

ŠIBENIK 11 ★ D5

Die Hauptattraktion der Stadt (46 000 Einw.) an der Krka-Mündung ist natürlich ihre Kathedrale, die zum UNESCO-Weltkulturerbe zählt. Die Altstadt wartet aber noch mit weiteren sehenswerten Bauwerken v.a. aus der Spätgotik und Renaissance auf. Heute verleihen ihr die schmalen, verwinkelten Gassen, die ausgetretenen Steintreppen und die wehrhaften Mauern der **Festung St. Anna** (Tvrdava Sveta Ana) das Flair eines Freilichtmuseums.

Am schönsten zeigt sich die Stadt um die mächtige **Kathedrale des hl. Jakob** ★7 (Katedrala Svetog Jakova). Die zwischen 1431 und 1556 erbaute Kirche gilt als bedeutendster Sakralbau der Renaissance in Dalmatien. Die Portale sind mit kleinen Figuren, gedrehten Steinsäulen und kunstvoll gearbeiteten Blättermotiven dekoriert. Außergewöhnlich ist ein Rundfries an der Außenwand des Chores, der 74 von Dalmatinac gemeißelte fratzenhafte Porträts stadtbekannter Zeitgenossen zeigt (Sommer 8.30–20, Winter 8.30–12, 16–20 Uhr, Eintritt 15 Kn).

Auf dem Platz vor der Kathedrale, wo der Bildhauer Ivan Meštrović dem berühmten Kollegen Dalmatinac ein Denkmal errichtete, fällt die **Stadtloggia** (Gradska loža) mit ihrer außergewöhnlichen Renaissancefassade und ihrem überaus hübschen Arkadengang auf.

An die Südseite der Kathedrale schließt sich der im 16. Jh. vollendete Rektorenpalast an, der das **Stadtmuseum** (Muzej grada Šibenika) beherbergt. Die Ausstellungen präsentieren hauptsächlich archäologische Funde, zudem werden hier interessante Wechselausstellungen gezeigt (Gradska vrata 3, Sommer Mo–Fr 8–20, Sa, So 10–20, Winter Mo–Fr 8–17, Sa 10–15 Uhr, Eintritt 30 Kn).

INFO

Tourist Information Center

- Obala Palih Omladinaca 3
  22000 Šibenik | Tel. 022/21 44 48
  www.sibenik-tourism.hr

VERKEHR

Jadrolinija Fähre

Personenfähre zu den Inseln Zlarin, Kaprije und Žirje.

- Tel. 022/21 34 68 | www.jadrolinija.hr

HOTELS

Life Palace €€€

Das Boutiquehotel in einem Renaissancepalazzo genügt höchsten Ansprüchen.

- Trg Šibenskih Palih Boraca 1 | Šibenik
  Tel. 022/21 90 05
  www.hotel-lifepalace.hr

Zlatna Ribica €–€€

Die Familienpension mit Zimmern liegt malerisch in einer Bucht südlich von Šibenik. Im Restaurant serviert man hervorragende Gerichte mit Fisch und Meeresfrüchten.

- Spužvara 4 | 22010 Brodarica
  Tel. 022/35 06 95 | www.zlatna-ribica.hr

RESTAURANTS

Konoba San Antonio €€

Beliebtes Altstadtlokal mit großer Fischauswahl.

- Dobrić 1 | Šibenik
  Mobil-Tel. 098/164 21 41

AUSFLUG IN DEN KRKA-NATIONALPARK 12 D5

Die Krka, der bei Knin entspringende größte Fluss Mitteldalmatiens, zergliedert sich in schmale Buchten und lang gezogene Wasserarme, die den Nationalpark im Hinterland von Šibenik zu einer Landschaft von seltener Schönheit machen. Vom verschlafenen Parkzentrum **Skradin** aus lässt sich die Gegend per Boot gut erkunden. So führen zweistündige Bootstouren z. B. zur Klosterinsel Visovac, die malerisch mitten im Krka-Fluss liegt. Noch grandioser zeigt sich das Naturschutzgebiet, wenn man mit dem Auto über Lozovac nach **Skradinski Buk** zum größten Travertin-Kaskadensystem Europas fährt. > mehr S. 12 Punkt 3

Vom Parkeingang kann man auf der Serpentinenstraße bergab bis zum ca. 3 km entfernten Krka-Ufer spazieren oder mit dem Pendelbus dorthin fahren. Hier lässt es sich herrlich wandern zwischen rauschenden Wasserfällen und Bächen sowie moosbedeckten Felsen.

INFO

Nacionalni Park Krka

April–Juni, Sept. 10–18, Juli, Aug. 8–20, Okt. 10–17 Uhr geöffnet, Eintritt Hochsaison 200 Kn, sonst 110 Kn.

- Trg Ivana Pavla II br. 5 | 22000 Šibenik Tel. 022/20 17 77 | www.np-krka.hr

HOTEL

Vrata Krke €€

Das am Parkeingang gelegene Haus mit stilvollen Zimmern ist die ideale Basis für Nationalparktouren.

- Lozovac bb | Šibenik | Tel. 022/77 80 92 www.vrata-krke.hr

Die Krka hat sich ihren Weg zwischen Hügeln und durch Schluchten gebahnt

TROGIR 13 ★ E5

Das historische Zentrum der Hafenstadt (13 500 Einw.), das zum UNESCO-Weltkulturerbe gehört, liegt auf einer künstlich geschaffenen Insel. Eine Brücke überspannt den schmalen Kanal, der das Festland vom Altstadtlabyrinth trennt.

Das romantisch anmutende Mittelalter beginnt am **Landtor.** Über dem engen Durchlass der Stadtmauer steht seit rund 300 Jahren die verwitterte Statue des Schutzheiligen von Trogir, St. Ivan Ursini. Ihm wurde auch die im Jahre 1213 begonnene **Kathedrale** ★ (Katedrala Sveti Lovro) am Trg Ivan Pavla II. geweiht. Prunkstück des romanisch, gotisch und von der Renaissance geprägten Bauwerkes ist das 1240 vollendete Westportal mit Szenen aus dem Neuen Testament. Der kroatische Bildhauer Radovan zog bei den figürlichen Darstellungen alle Register seiner Kunst. Im Inneren der Kathedrale finden sich zwei Meisterwerke der Renaissance: die Taufkapelle von Andrija Aleši und die Orsini-Kapelle von Nikola Firentinac. Einen herrlichen Blick genießt man vom 47 m hohen Kirchturm (Sommer Mo–Sa 8–20, So 12–18, Winter Mo–Sa 8–12 Uhr, Eintritt mit Turmbesteigung 25 Kn).
> mehr S. 16 Punkt 27

Vor der Westfassade des Doms fällt der Blick auf den prachtvollen **Čipiko-Palast,** ein typisches Patrizierhaus des 15. Jhs. Etwa um dieselbe Zeit entstand die **Loggia** auf der Südseite des Platzes, in der Ratssitzungen und Prozesse stattfanden.

An die kleine Loggia an der Riva angebaut ist die offene **Fischhalle.** Die Fischkutter, die am frühen Morgen von ihren Fahrten zurückkehren, gehen am Kanal von Trogir nahe der Fischhalle vor Anker, um ihren frischen Fang zu entladen – ein farbenprächtiges Spektakel.

INFO

Tourismusverband

- Trg Ivana Pavla II br. 2 | 21220 Trogir
  Tel. 021/88 56 28 | www.visittrogir.hr

VERKEHR

Busverbindungen: Von dem Busbahnhof vor der Stadt am Kanal verkehren u. a. alle 30 Min. Busse nach Split.

HOTELS

Concordia €€

Das kleine schmucke Altstadthotel liegt romantisch zwischen Dominikanerkloster und Festung.

- Obala bana Berislavića | Trogir
  Tel. 021/88 54 00
  www.concordia-hotel.net

Fontana €€

Das freundlich geführte Hotel im Herzen der Altstadt besticht auch mit einem empfehlenswerten Restaurant.

- Obrov 1 | Trogir
  Tel. 021/88 57 44
  www.fontana-trogir.com

Medena €€

Apartment-Dorf ca. 2 km von der Altstadt entfernt. Schön in Terrassen angelegt, mit Restaurants und Sportangebot.

- Hrvatskih žrtava 187
  Donji Seget | Tel. 021/55 59 49
  www.apartmani-medena.hr

Die Altstadt von Trogir ist ringsum von Wasser umgeben

Auf Čiovo, das durch eine Brücke mit der Altstadt verbunden ist, vermittelt das Touristenbüro (TZG) Zimmer der Kategorien €–€€ in **Privathäusern**.

RESTAURANTS

Capo €€

Sehr gute dalmatinische Küche in der Altstadt mit angeschlossener Pizzeria.

- Ribarska 11 | Trogir
  Tel. 021/88 53 34
  www.capo-trogir.com

Kamerlengo €€

Beliebtes Lokal beim Dominikanerkloster. Deftiges vom Holzkohlengrill.

- Vukovarska 2 | Trogir
  Tel. 021/88 47 72
  www.kamerlengo.hr

Konoba Trs €€

Gemütliches Restaurant mit Tischen in der malerischen Gasse, mediterrane Fischgerichte.

- Matije Gupca 14 | Trogir
  Tel. 021/79 69 56 | www.konoba-trs.com

NIGHTLIFE

Smokvica

In der Loungebar gibt es im Sommer täglich Livemusik.

- Radovanov trg 9 | Trogir
  www.facebook.com/caffebarSmokvica
  Trogir

Sveti Dominik

Angesagte Cocktailbar am Hafen.

- Blazenog Augustina Kazotica 1 | Trogir
  www.svdominik.com

SPLIT 14 ★ E5

Wie ein Schiffsbug ragt die Halbinsel Marjan mit der zum UNESCO-Weltkulturerbe zählenden Altstadt von Split ins Meer hinaus. Wo vor 1700 Jahren der römische Kaiser Diokletian den Ruhestand genoss, sitzen heute Studenten und Touristen in den Cafés. Die geschichtsträchtigen Mauern seines Palastes verleihen der Altstadt ihren unwiderstehlichen Reiz.

GESCHICHTE

Dort, wo Split (180 000 Einw.) um den Vorort Solin mit Industrieanlagen und Wohnvierteln im Kasernenstil alles andere als einladend aussieht, liegen am nordwestlichen Ortsausgang versteckt die Überreste von Salona, dem administrativen, wirtschaftlichen und religiösen Zentrum der ostadriatischen Besitzungen Roms. In Salona stand im 3. Jh. die Wiege des späteren Kaisers Gaius Valerius Aurelius Diocletianus (284–305), der zum Gründer Splits werden sollte. Nach seiner freiwilligen Abdankung 305 zog er sich in seine Heimat zurück und ließ einen riesigen Palast von 180 m Breite und 200 m Länge bauen.

Dreihundert Jahre später suchten Flüchtlinge aus Salona vor Awaren und Slawen Schutz in seinen Mauern. In den folgenden Jahrhunderten dehnte sich die mittelalterliche Stadt über die Schutzmauern der Anlage aus. Insbesondere während der Renaissance ließen sich wohlhabende Bürger von berühmten Baumeistern wie Juraj Dalmatinac, Andrija Aleši und Nikola Firentinac Paläste und Residenzen erbauen.

DIOKLETIAN-PALAST 8

Idealer Ausgangspunkt für eine Stadtbesichtigung ist die schöne, von Palmen gesäumte Uferpromenade **Riva** Ⓐ, wo zahlreiche Cafés zur Verschnaufpause einladen.

Die Hafenpromenade mit dem Glockenturm der Kathedrale von Split

Gleich hinter ihr erhebt sich eindrucksvoll das imposante antike Gemäuer des Diokletian-Palasts (Dioklecijanova palača).

SEETOR, PERISTYL UND VESTIBÜL

Das **Seetor** Ⓑ führt in das Untergeschoss des Palastes, die Podrumi. Im Dämmerlicht erkennt man riesige, aus Bruchstein und braunen Ziegeln gemauerte und auf quadratischen Pfeilern ruhende Gewölbe (tgl. April, Mai 8.30–21, Juni–Sept. 8.30–22, Okt. Mo–Sa 8.30–21, Nov. bis März Mo–Sa 9–17, So 9–14 Uhr, Eintritt 42 Kn). In Nischen stehen Verkaufstische, an denen allerlei Krimskrams gehandelt wird.

Ein Treppenaufgang führt von hier zum sorgfältig restaurierten **Peristyl** Ⓒ, dem heutigen Zentrum der Palastanlage an der Kreuzung der beiden historischen Hauptachsen. Der offene, rechteckige Innenhof ist von Säulen mit korinthischen Kapitellen und schlanken Arkaden gesäumt. Er diente zu Zeiten Diokletians Repräsentationszwecken. Das **Vestibül** Ⓓ bildete ehemals einen Teil der kaiserlichen Wohnräume, die größtenteils zerstört sind.

Im **Café Luxor** am Peristyl kann man sich im Schutz der Sonnenschirme eine Ruhepause gönnen und einen Cappuccino schlürfen.

KATHEDRALE DES HL. DOMNIUS Ⓔ

An der Ostseite des Peristyls führen Treppen zum Eingang der achteckigen Kathedrale (Sveti Duje). Sie entstand im Mittelalter über dem ehemaligen Mausoleum von Kaiser

Die Palastanlage des Kaisers Diokletian ist auch heute noch beeindruckend

Diokletian, dessen Sarkophag im 7. Jh. zerstört wurde. Beachten Sie die von Andrija Buvina 1214 geschnitzten Türflügel des **Eingangsportals**, die 28 biblische Szenen zeigen. Zu den bildhauerischen Glanzstücken des 25 m hohen Innenraums gehören die filigranen Kapitelle der romanischen **Kanzel** aus dem 13. Jh. sowie das Steinrelief der **Geißelung Christi** von Dalmatinac am linken Seitenaltar. Die **Schatzkammer** birgt wertvolle historische Handschriften, Reliquiare und Brustkreuze (im Sommer Mo bis Sa 8.30–19, So 12.30–18.30 Uhr, Eintritt inkl. Turmbesteigung und Jupitertempel 45 Kn).

WEITERE BAUWERKE VON ANTIKE BIS BAROCK

Gegenüber der Kirche führt eine schmale Gasse zum sog. **Jupitertempel** F mit seinem aufwendig ornamentierten Ostportal und dem mit altkroatischen Symbolen geschmückten Altar. Die Kassettendecke stammt noch vom römischen Ursprungsbau (Mo–Sa 8.30–19, So 12.30–18.30 Uhr, Eintritt im Ticket für die Kathedrale enthalten, sonst 10 Kn). › mehr S. 16 Punkt 25

Am **Osttor** G des Palastes vorbei führt der Weg weiter in den nordöstlichen Teil der kaiserlichen Anlage und zum spätgotischen **Papalić-Palast** H mit einer Loggia und einer Freitreppe – auch hier soll Baumeister Juraj Dalmatinac beteiligt gewesen sein. Besonders eindrucksvoll sind die großen Säle im ersten und zweiten Geschoss, in denen das Museum neben Werken einheimischer Künstler eine Dokumentation über die Geschichte Splits zeigt (Papalićeva 1, www.mgst.net, tgl. April–Juni, Okt. 8.30 bis 21, Juli–Sept., 8.30–22, Nov. bis März, Di–Sa 9–17, So 9–14 Uhr, Eintritt 20 Kn).

Am östlichen Teil der Ost-West-Achse des Decumanus, die heute den Namen Krešimirova trägt, demonstriert der **Cindro-Palast** I, wie wohlhabende Einwohner zur

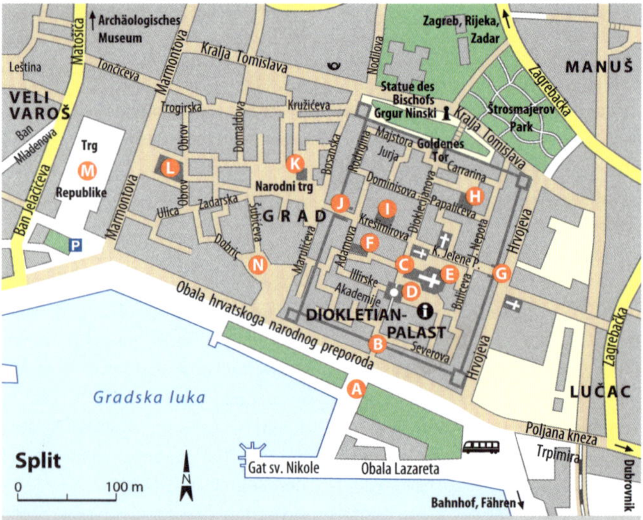

A Riva
B Seetor
C Peristyl
D Vestibül
E Kathedrale des hl. Domnius
F Jupitertempel
G Osttor
H Papalić-Palast
I Cindro-Palast
J Eisernes Tour
K Altes Rathaus
L Markthalle
M Trg Republike
N Trg Braće Radica

Narodni trg, der Volksplatz, mit dem Alten Rathaus von Split

Zeit des Barock bauten und lebten. Nicht weit von ihm entfernt führt das **Eiserne Tor** (Željezna vrata) J aus der Enge des Diokletian-Palastes heraus auf den Volksplatz.

IN DER ALTSTADT

Die schönste Fassade am **Narodni trg**, dem Volksplatz, besitzt das **Alte Rathaus** K mit seinen dreiteiligen gotischen Spitzbogen aus dem 15. Jh. Durch schmale Gassen geht es in Richtung Westen zur überdachten Markthalle L. Im »Bauch von Split« wechseln täglich riesige Berge von Obst und Gemüse ihre Besitzer.

Jenseits der Straße Marmontova dehnt sich mit dem **Trg Republike** M ein auf zwei Seiten von Arkadengängen umgebener Platz aus, bei dessen Bau der Markusplatz in Venedig Pate gestanden haben soll.

Auf der Hafenpromenade kehrt man Richtung Diokletian-Palast zurück. Auf dem **Trg Braće Radica** N erinnert das Denkmal für Marko Marulić (1450–1524) an den aus Split stammenden Humanisten, der vielen Kroaten als Begründer ihrer Literatur gilt.

In der nordwestlich des Zentrums gelegenen Zrinsko-Frankopanska 25 präsentiert das **Archäologische Museum** (Arheološki Muzej) Funde u. a. aus Salona: Sarkophage, Mosaiken, Keramik und Schmuck, außerdem ein Taufbecken aus dem 9. Jh., das bei Nin › S. 89 gefunden wurde (Sommer Mo–Sa 9–14, 16–20, Winter Mo–Fr 9–14, 16–20, Sa 9–14 Uhr, www.mdc.hr/split-arheoloski).

INFO

Tourist Info Center
- Peristyl bb | 21000 Split
  Tel. 021/34 56 06 | www.visitsplit.com

VERKEHR

Flughafen Split-Kastela
- Cesta Dr. Franje Tuđmana
  21216 Kaštel Štafilić | Tel. 021/20 35 55
  www.split-airport.hr

Karte S. 98

Bahnhof

- Obala Kneza Domagoja 8 | Split
  Tel. 021/33 85 25 | www.hzpp.hr

Busbahnhof

- am Hafen | Obala Kneza Domagoja 12
  Split | Tel. 060/32 77 77 (Sondertarif)
  www.ak-split.hr

Jadrolinija

Verbindungen zu dalmatinischen Inseln wie Hvar, Korčula, Vis und Brač.

- im Fährhafen | Split
  Tel. 021/33 83 33

HOTELS

Da es im Zentrum Splits nur wenige Hotels gibt und die Stadt einen ungeheuren Besucheransturm erlebt, sind die Preise ganzjährig generell auf sehr hohem Niveau.

Park Hotel €€€

Preisgekröntes, modernisiertes Haus in historischem Bau an der Bačvice-Bucht.

- Hatzeov perivoj 3 | Split
  Tel. 021/40 64 00
  www.hotelpark-split.hr

Vestibul Palace €€€

Das Designerhotel kombiniert Geschichte und Moderne, Eleganz und Luxus in nur fünf Zimmern und zwei Suiten.

- Iza Vestibula 4 | Split
  Tel. 021/32 93 29
  www.vestibulpalace.com

Slavija €€–€€€

Dieses Haus im Diokletian-Palast ist einfach, aber angenehm. Vom vierten Stock genießt man den Blick über die Dächer.

- Buvinina 2 | Split
  Tel. 021/32 38 40
  www.hotelslavija.hr

RESTAURANTS

Noštromo €€€

Splits bestes Restaurant mit delikater Fischküche nach traditionellen Rezepten.

- Kraj Sv. Marije 10 | Split
  Mobil-Tel. 091/4 05 66 66
  www.restoran-nostromo.hr

Adriatic Grašo €€

Luftig eingerichtetes Fischlokal mit Slow Food in der Marina der Luka-Bucht.

- Uvala Baluni bb | Split
  Tel. 021/39 85 60 | www.adriaticgraso.com

Konoba Varoš €€

Das bei den Splitern beliebte Lokal serviert Gerichte aus der Peka und köstliche gegrillte Lammrippchen.

- Ban Mladenova 9 | Split
  Tel. 021/39 61 38

Zlatna Ribica €–€€

Imbiss und Restaurant direkt am Fischmarkt, in dem die Einheimischen große Portionen Fisch zu sehr ertäglichen Preisen verzehren; urig und authentisch!

- Kraj Sv.Marije 8 | Split
  Tel. 021/34 87 10

De Belly €

Pizza, Burger und Snacks in lockerer Atmosphäre.

- Morpurgova poljana 2 | Split
  Tel. 021/51 09 99
  www.facebook.com/DeBellySplit

NIGHTLIFE

Club Vanilla

Modern gestylte Räume, gelegentliche Liveauftritte und prominente DJs (Do–Sa 22–5 Uhr).

- Mediteranskih igara 21 | Split
  Mobil-Tel. 098/8 31 30 50 | www.vanilla.hr

KAŠTELANSKA RIVIERA 15 E5

Sieben im 15./16. Jh. errichtete Kastelle säumen die Küste zwischen Trogir und Split. Anfang des 20. Jhs. war diese »Riviera der Kastelle« eines der beliebtesten Reiseziele gekrönter Häupter; heute wird ihr Reiz wiederentdeckt.

Kaštel Lukšić wurde 1564 von der Trogirer Adelsfamilie Vitturi errichtet. Eine Zugbrücke führt in den hübschen Renaissancehof des Schlosses, in dem heute ein Museum und die Touristeninformation untergebracht sind. Benediktinerinnen aus Split errichteten das zierliche **Kaštel Gomilica:** Die romanische Kirche stammt aus dem 12. Jh. **Kaštel Sućurac** entstand ab 1392 um einen Wehrturm. 1488 wurde eine Sommerresidenz für die Spliter Bischöfe danebengesetzt und das Anwesen mit Mauern befestigt.

Zwischen den Orten und ihren Kastellen liegen schattige Parks (besonders um Kaštel Lukšić); Felsabschnitte wechseln mit Sand- und Kiesbuchten ab.

INFO

Tourismusverband

- Brce 1 | 21215 Kaštel Lukšić
  Tel. 021/22 79 33 | www.kastela-info.hr

INSEL VIS

Die weit vorgelagerte Insel Vis (3700 Einw.) war in gesamtjugoslawischer Zeit Sperrgebiet; heute zählt sie zu den ursprünglichsten Eilanden Kroatiens, nicht zuletzt wegen der langen Anfahrt. Besiedelt war Vis schon von den Griechen, später kamen Römer, Venezianer, Habsburger, und im Zweiten Weltkrieg diente die Insel dem Partisanengeneral und späteren jugoslawischen Staatschef Tito als Unterschlupf. Die von ihm benutzte Höhle bei Podšpilje am Berg Hum (587 m) ist heute als Titova špilja eine Sehenswürdigkeit.

VIS-STADT 16 E6

Malerisch präsentiert sich die Inselhauptstadt Vis, deren ziegelgedeckte Häuser mit Fassaden aus gelblichem Stein eine weite Bucht säumen, in die eine Halbinsel samt Kirche hineinragt. Das Meerwasser ist kristall-

In der Blauen Grotte auf der Insel Biševo zeigen sich spektakuläre Lichteffekte

Karte S. 79

klar, was Vis für Schnorchler und Taucher besonders attraktiv macht. Im **Archäologischen Museum** in der Festung Baterija bekommen Sie einen Überblick über die Historie der Insel (Juni–Sept. Mo–Fr 10–13, 17–21, Sa 10–13 Uhr, Eintritt 20 Kn).

INFO

Tourismusverband

- Šetalište Stare Isse 5 | 21480 Vis
  Tel. 021/71 70 17 | www.tz-vis.hr

HOTEL

San Giorgo €€€

Angenehmes Privathotel im Kut-Viertel mit schönem Hof, gutem Restaurant und aufmerksamem Service.

- Petra Hektorovića 2 | Vis
  Tel. 021/60 76 30
  www.hotelsangiorgiovis.com

RESTAURANT

Lola Konoba/Lounge €€

Fisch- und Meeresfrüchtegerichte auf hohem Niveau und immer eine Idee anders als die anderen – dazu sitzt man überaus angenehm im gemütlichen Garten/Innenhof. Zu späterer Stunde: Cocktails!

- Matije Gupca 12 | Vis
  Mobil-Tel. 095/563 32 47
  www.lolavisisland.com

KOMIŽA 17 E6

Die Häuser des hübschen Städtchens Komiža scharen sich um den Hafen mit seinem türkisgrünen Wasser, auf dem sich die Masten von Luxusseglern zunicken. Gegen Abend duftet es aus den wenigen Restaurants nach Knoblauch und gebratenem Fisch. Dann flaniert man auf der Hafenpromenade am 400 Jahre alten Festungsturm vorbei, der ein kleines Fischereimuseum beherbergt (Sommer tgl. 10–12, 20–23 Uhr, Eintritt 20 Kn).

AKTIVITÄTEN

Issa Diving Center

Die deutschsprachige Basis organisiert Tauchtrips, Wrack- und Höhlentauchgänge, Steilwandtauchen, Nachttauchen und bildet aus.

- 21485 Komiža | Tel. 021/71 36 51
  www.scubadiving.hr

HOTEL

Biševo €€

Sympathisches Strandhotel, wie aus der Zeit gefallen; zweckmäßige Zimmer, meist mit Meerblick. Wassersportangebote.

- Ribarska 72 | Komiža
  Tel. 021/71 32 79
  www.hotel-bisevo.com.hr

RESTAURANT

Riblji Restoran Komiža €€

An der Hafenpromenade von Komiža. Ein Gaumenschmaus sind gegrillte Tintenfische mit gemischtem Salat.

- Riva Sv. Mikule | Komiža
  Tel. 021/71 32 55 | www.facebook.com/fishrestaurantKomiza

INSEL BIŠEVO 18 E6

Zahlreiche Anbieter organisieren von Komiža aus Tagesfahrten nach Biševo zur Modra spilja (Blaue Grotte), einige auch mit Tauchgang. Am intensivsten ist das tiefe Blau der Grotte zwischen 11 und 12 Uhr, wenn Sonnenstrahlen durch eine Felsspalte fallen und das Wasser zum Strahlen bringen (Boot 290 bis 320 Kn, Höhlenticket 70–100 Kn).

SÜDDALMATIEN

Alte Steinhäuser und Fischerboote bilden die Kulisse für den Urlaub auf der Insel Brač

Süddalmatinischer Vielklang: Historische Hafenstädtchen, Lavendel, Weinreben und Strände machen Hvar und Korčula zu einem reizvollen Ziel. In Dubrovnik bezaubert die Mischung aus Mittelalter und Gegenwart.

Auch Süddalmatien geizt nicht mit Highlights; für Entspannung sorgen herrliche Strände auf dem Festland oder auf Inseln wie **Brač.** Spektakuläre Natur findet man bei **Omiš** in der **Cetina-Schlucht,** schier unbegrenzte Bade- und Freizeitmöglichkeiten entlang der **Makarska-Riviera.** Auch die Insel **Hvar** zieht im Sommer zahlreiche Sonnenanbeter und Wassersportler an.

Weiter südlich ist die **Halbinsel Pelješac** nur durch einen schmalen Isthmus von der **Insel Korčula** getrennt. Hier reifen die besten süddalmatinischen Weine.

Die »Perle der Adria«, das im UNESCO-Weltkulturerbe gelistete **Dubrovnik,** beherrscht mit seiner wunderbar erhaltenen Altstadt und den wuchtigen Wehrmauern den südlichsten Teil dieser Ferienregion. Unverfälschte Natur erleben Sie auf der zum Nationalpark erklärten **Insel Mljet.** Karibische Gefühle wecken die **Elaphiten-Inseln.** Und Dubrovnik im Kleinen, viel Ruhe und herrliche Tauchreviere finden Sie an der Bucht von **Cavtat.**

Von dort lohnt ein Abstecher ins benachbarte Montenegro zur einzigartigen **Bucht von Kotor.**

In der eindrucksvollen Cetina-Schlucht

TOUREN IN DER REGION

TOUR 5

KARST UND KÜSTE

ROUTE: Makarska > Sv. Jure > Makarska > Tučepi > Gornji Tučepi > Podgora > Igrane

KARTE: Seite 106/107
LÄNGE: 1–2 Tage, 70 km
PRAKTISCHE HINWEISE:

- Die Straße von Makarska auf den höchsten Berg des Biokovo-Massivs, den Sv. Jure (1762 m), ist steil, schmal und voller Haarnadelkurven. Sie sollten für die 23 km rund 1 Std. einplanen.
- Der in Makarska startende Wanderweg auf den Sv. Jure stellt hohe Anforderungen an Trittsicherheit und Kondition, die Gehzeit beträgt ca. 6 Std. Wenn Sie sich von Experten führen lassen wollen, ist Makarska Adventure die richtige Adresse (Mobil-Tel. 091/1 82 89 95, www.makarskaadventure.com). Sie organisieren auch mehrtägige Touren.

TOUR-START:

Ausgangspunkt und Hauptort der Makarska-Riviera ist **Makarska** 6 › S. 113. Von hier folgen Sie der Küstenstraße nach Süden, biegen aber nach 1,5 km auf die Straße in Richtung Vrgorac ab (Straße 512). Nach rund 5 km ist am Eingangstor zum Naturpark Biokovo Eintritt zu entrichten. Von hier schlängelt sich die Piste die Hänge hinauf. Nach einer Serie atemberaubender Kehren verdienen Ihre Nerven eine Pause: Auf einem ausgeschilderten geologischen Lehrpfad kann man in etwa 20 Min. die Erosionsformen des Karstes studieren. Danach geht es in noch dramatischeren Serpentinen hinauf zum Gipfel mit der kleinen Wallfahrtskapelle Sv. Jure und einem grandiosen Küstenpanorama.

Auf gleichem Weg fahren Sie zurück nach Makarska und weiter auf der Küstenstraße zu weiteren Riviera-Städtchen: Tučepi ist ein moderner Badeort, Hotels und Ferienhäuser säumen hier die Küstenlinie. Grund für den Boom ist der fast 4 km lange Feinkiesstrand, eine Rarität an der sonst von Felsen geprägten Adriaküste. Kulturell wesentlich interessanter ist die alte Siedlung Gornji Tučepi, die man auf einem rund 45-minütigen Spaziergang bergauf erreicht.

Unten an der Küste ist **Podgora** 7 › S. 114 die nächste Station. In dem hübschen Ort kann man durchaus einen Tag vertrödeln und im glasklaren Wasser planschen. Oder man fährt dazu 7 km weiter in das kleine Hafenstädtchen Igrane, das sich auf einer Halbinsel erhebt, überragt vom Wehrturm Zalina kula und der barocken Pfarrkirche (18. Jh.), gesäumt von einem schönen Strand.

TOUREN IN SÜDDALMATIEN

TOUR 5

KARST UND KÜSTE

Makarska > Sv. Jure > Makarska > Tučepi > Gornji Tučepi > Podgora > Igrane

TOUR 6

WINZER UND AUSTERN

Ston > Žuljana > Trstenik > Potomje > Orebić > Korčula > Lumbarda > Pupnat > Smokvica > Blato > Vela Luka

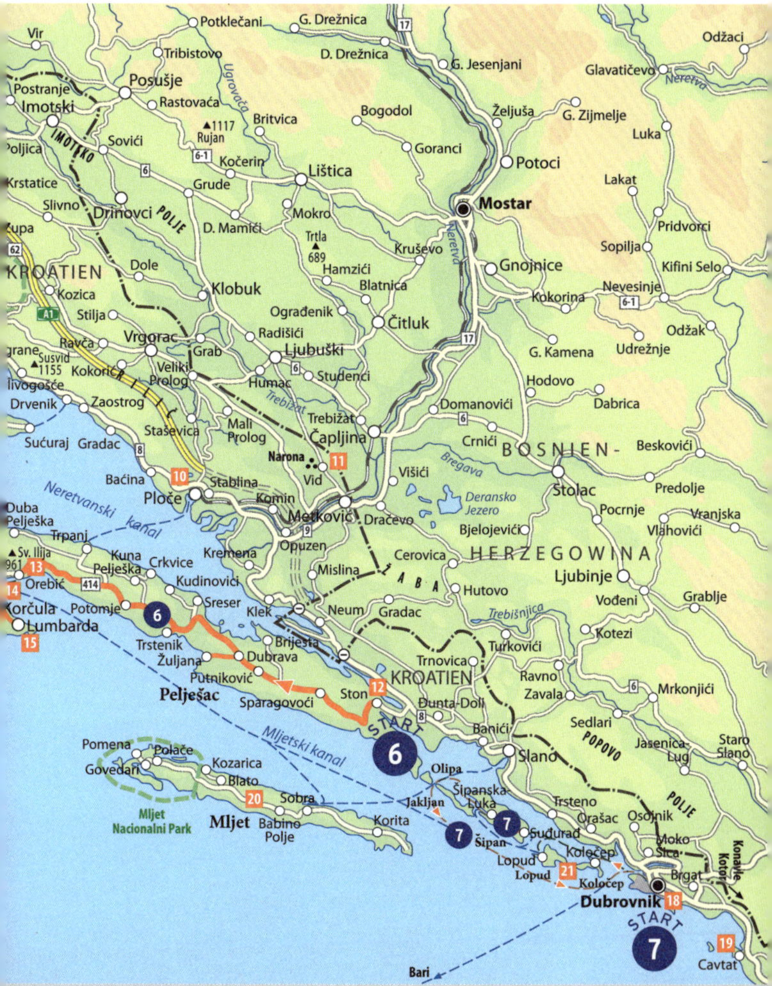

TOUR 7

DALMATINISCHE KARIBIK

Dubrovnik > Koločep > Lopud > Šipan > Dubrovnik

TOUR 6

WINZER UND AUSTERN

ROUTE: Ston > Žuljana > Trstenik > Potomje > Orebić > Korčula > Lumbarda > Pupnat > Smokvica > Blato > Vela Luka

KARTE: Seite 106
LÄNGE: 1–2 Tage, 120 km
PRAKTISCHE HINWEISE:

- Am besten unternehmen Sie die Tour mit dem eigenen Fahrzeug; Busse halten nicht in den kleineren Orten.
- Seien Sie für die Fährpassage zwischen Pelješac und Korčula in der Hochsaison zeitig am Hafen.
- Auf Pelješac haben sich Weingüter zusammengeschlossen und bieten Verkostungsmöglichkeiten, ebenso auf Korčula.

TOUR-START:

Ston 12 > S. 117 ist Startpunkt dieser Tour über Pelješac und Korčula. Deren Austernbänke versprechen herrliche Genüsse, während in den Weinkellern von Pelješac zwischen Ston und Orebić Dingač und Plavac ihrer Vollendung entgegenreifen.

3 km nach Putniković biegt eine Stichstraße nach Žuljana ab, wo ein paar Häuser, die sich an die Felsen drängen, die Kulisse für eine idyllische smaragdgrüne Bucht bilden. Erste Verkostungen bieten sich in Trstenik und Potomje an. In **Orebić** 13 > S. 118 sollten Sie das Franziskanerkloster besuchen: Es war quasi der Horchposten der Republik Ragusa, des heutigen Dubrovnik, deren Konkurrentin Venedig das gegenüberliegende Korčula besetzt hielt.

Dann geht es per Fähre zum Puppenstädtchen **Korčula** 14 > S. 120. Bevor man zur Inselerkundung aufbricht, lohnt ein Abstecher nach **Lumbarda** 15 > S. 122, berühmt für seine Sandstrände und den hervor-

Dubrovnik wird von vielen Kreuzfahrtschiffen angelaufen

ragenden Grk-Weißwein. Von dort aus führt die Inselstraße durch eine zunächst karge, dann immer fruchtbarere Landschaft nach Pupnat, wo ein Abstecher zur romantischen Strandbucht Pupnatska Luka jeden ins Schwärmen bringt. In Čara und **Smokvica** 16 › S. 122 kann man hervorragende Pošip-Weine probieren und kaufen. Nach Nordwesten abbiegend, entdeckt man an der Küstenstraße weitere hübsche Badeplätze. Für seine Lindenallee ist Blato im Inselinneren berühmt.

Vela Luka 17 › S. 122 an der Nordspitze ist Korčulas größte Siedlung. Von hier könnten Sie per Schiff nach Dubrovnik weiterfahren oder aber auf gleichem Weg nach Ston zurückkehren.

TOUR 7

DALMATINISCHE KARIBIK

ROUTE: Dubrovnik › Koločep › Lopud › Šipan › Dubrovnik

KARTE: Seite 106
LÄNGE: 2–3 Tage, Fährpassagen insgesamt 1 3/4 Std.
PRAKTISCHE HINWEISE:

- Koločep, Lopud und Šipan sind mit Personenfähren bzw. einer Autofähre ab Dubrovnik erreichbar. Im Sommer verkehrt das Personenschiff viermal, die Autofähre (nur Lopud und Suđurađ auf der Insel Šipan) meist einmal tgl.
- Für Fährpassagen sollte man in der Hochsaison zeitig am Hafen sein (www.jadrolinija.hr).

TOUR-START:
Morgens, meist gegen 9 Uhr, legt das Schiff in **Dubrovniks** 18 › S. 122 Hafen Gruž zu den Elaphitischen Inseln ab. Der erste Halt 30 Min. später ist Koločep › S. 129. Das kleine Eiland ist üppig bewachsen; wer Lust hat, verbringt die Zeit bis zur Weiterfahrt mit dem nächsten Schiff mit einer Wanderung oder mit Baden am Strand von Donje Selo.

Mittags legt die nächste Fähre an, und ab geht es auf die Nachbarinsel Lopud › S. 130. Restaurants und einige Hotels säumen die Bucht, im Inselstädtchen sind Renaissancehäuser, ein Kloster und die Pfarrkirche sehenswert. Lopuds größte Attraktion ist der Sandstrand, zu dem man in etwa 20 Min. wandern kann.

Lopud ist ideal für eine Übernachtung, ehe Sie am nächsten Morgen mit der Fähre zur dritten Insel Šipan › S. 130 weitertuckern. Dort steigen Sie in Suđurađ, aus, wo man burgartige Villen aus der Ragusaner Ära bewundern kann. Bei einer Wanderung quer über die Insel erreichen Sie nach rund 90 Min. Šipanska Luka. Rund um den Hafenort sorgen Badebuchten für Erfrischung, und mittags führt der Weg natürlich ins Kult-Restaurant »Kod Marka« mit dem angeblich besten Fisch Süddalmatiens. Mit der Nachmittags- oder Abendfähre geht es zurück nach Dubrovnik.

UNTERWEGS IN SÜDDALMATIEN

INSEL BRAČ

Hauptattraktionen der mit knapp 400 km² und 14 500 Einwohnern größten süddalmatinischen Insel sind die idyllischen Badestrände entlang der Südküste, allen voran das **Goldene Horn,** das bei Surfern sehr beliebt ist. Zudem schmückt sich Brač mit einem Superlativ: Die 778 m hohe **Vidova Gora** ist die höchste Erhebung im kroatischen Inselreich.

VERKEHR

Autofähren verkehren auf den Strecken Split–Supetar und Makarska–Sumartin, Tragflügelboote zwischen Split und Bol.

Zlatni rat – das Goldene Horn

SUPETAR 1 E5

Der Hafen- und Urlaubsort mit seinem typisch mediterranen Flair ist das touristische Zentrum an der Nordküste von Brač, hier locken Bars und Restaurants sowie Weinprobierstuben und Verkaufsstände.

Etwas landeinwärts von Supetar liegt das Museumsdorf **Škrip** mit alten Bauernhäusern und einer Ausstellung (Sommer tgl. 9–19 Uhr, Eintritt 20 Kn). Die Häuser dienen auch als Läden, in denen man Souvenirs und den nach Salbei duftenden Honig von Brač kaufen kann.

INFO

Tourismusverband

- Porat 1 | 21400 Supetar
  Tel. 021/63 05 51 | www.supetar.hr

HOTEL

Waterman Supetrus Resort €€€

Große, moderne und komplett ausgestattete Anlage in schöner Strandlage. Mit riesigem Sportangebot, inklusive Tauchzentrum »Kaktus« (Tauchkurse und -exkursionen).

- Put Vele Luke 4 | Supetar
  Tel. 021/64 02 53
  www.watermanresorts.com

RESTAURANTS

Kaštil Gospodnetić €€

12 km landeinwärts von Supetar speist man in dieser Konoba authentische Inselküche in den Räumen eines historischen Kastells. > **mehr S. 15 Punkt 20**

- 21410 Dol bb | Mobil-Tel. 091/799 71 82
  www.kastilgospodnetic.wordpress.com

Konoba Vinotoka €€
Der Wirt ist auch gleichzeitig Fischer und serviert seinen Fang auf einer hübschen Terrasse.
- Jobova 6 | Supetar
  Tel. 021/63 09 69

BOL 2 E5

Das schon zu römischen Zeiten bewohnte Bol wird von der felsigen Bergkette Bolska kruna nach Norden hin vor der Bora abgeschirmt. Das Gebirge schützt auch die herrlichen Strände, die sich zu beiden Seiten der Insel ausbreiten.

Der berühmteste unter ihnen ist das **Goldene Horn** (Zlatni rat): Wie eine stumpfe Harpune ragt die Landzunge mit ihrem berühmten hellen Sand- und Kiesstrand 400 m in das azurblaue Meer hinein.

INFO

Tourismusverband
- Porat bolskih pomoraca bb
  21420 Bol | Tel. 021/63 56 38
  www.bol.hr

HOTELS

Kaštil €€€
In sensationeller Lage in einer barocken Festung des 17. Jhs., direkt am Hafen mitten im Nachtgeschehen.
- Frane Radića 1 | Bol
  Tel. 021/63 59 95 | www.kastil.hr

Villa Giardino €€
Charmante stilvolle Villa in Strandnähe mit nur 10 Zimmern, Sauna, Garten und herrlicher Frühstücksterrasse.
- 2 Novi Put | Bol
  Tel. 021/63 59 00
  www.dalmacija.net/bol/villagiardino

RESTAURANT

Ribarska kučica €€
Die »Fischerhütte« in einem rustikalen Steinhaus am Strand überzeugt mit guten Fischgerichten. > **mehr S. 14 Punkt 13**
- Ante Starčevića bb | Bol
  Tel. 021/63 50 33
  www.ribarska-kucica.com

NIGHTLIFE

Cocktail Bar Varadero
Tagsüber entspanntes Café, abends heizen DJs die Stimmung an.
- Frane Radića 1 | Bol
  Mobil-Tel. 091/2 33 34 71
  www.facebook.com/Varadero.Bol

AKTIVITÄTEN

Big Blue Sports
Sportcenter für Windsurfer. In der Wasserstraße zwischen Brač und Hvar herrschen optimale Bedingungen. Auch Kajak-, Paddelboot- und Mountainbikeverleih.
- Podan Glavice 2 | Bol
  Mobil-Tel. 098/21 24 19
  www.bigbluesport.com

OMIŠ 3 E5

Omiš liegt am Ausgang einer bei Kletterern beliebten Schlucht, die der Fluss Cetina in Jahrtausenden durch das Mosor-Gebirge fraß. An vergangene, kriegerische Jahrhunderte erinnert heute die Ruine der Festung **Starigrad** mit quadratischem Turm und halb verfallenen, hoch am Berghang liegenden Mauern. Gut 300 Höhenmeter sind bis dorthin zu bewältigen, aber am Ende wird man mit einem herrlichen Blick über die Cetina-Schlucht und die Stadt belohnt.

In Omiš findet im Juli das beliebte Klapa-Festival mit Chören aus ganz Dalmatien statt. Die traditionelle Liedform wird zumeist von Männern gesungen und erlebt seit einigen Jahren eine Renaissance.

INFO

Tourismusverband

- Fošal 1 | 21310 Omiš
  Tel. 021/86 13 50 | www.visitomis.hr

HOTEL

Villa Dvor €€€

Boutiquehotel in Traumlage auf einem Felsen oberhalb der Cetina mit Panoramaterrasse und Restaurant.

- Mosorska cesra 13 | Omiš
  Tel. 021/86 34 44 | www.hotel-villadvor.hr

RESTAURANT

Konoba Milo €€

Sympathisches Lokal im Zentrum mit Grillgerichten und knackigen Salaten.

- Knezova Kačića 15 | Omiš
  Tel. 021/86 11 85

AUSFLUG IN DIE CETINA-SCHLUCHT

Fantastische Landschaftsimpressionen verspricht die Fahrt von Omiš durch die imposante Schlucht der Cetina nach Brela an der Makarska-Riviera. Ganz eng stehen die Felswände zu Beginn beieinander, dann weitet sich die Schlucht, um bei **Zadvarje** 4 E5 schließlich noch einmal zu spektakulären Formationen zu finden. Mehrere Restaurants in schöner Lage laden unterwegs zur Rast. › **mehr S. 12 Punkt 4**

RESTAURANT

Kaštil Slanica €€

In dem schön an der Cetina gelegenen Lokal werden geräucherter Aal und gegrillte Forelle serviert.

- 5 km von Omiš | Straße nach Zadvarje
  Tel. 021/86 17 83
  www.radmanove-mlinice.hr

RIVIERA VON MAKARSKA ★

Kilometerlange Strände mit feinem Kies oder Sand, smaragdgrüne Buchten vor der Kulisse des beeindruckenden Biokovo-Massivs, Hotels und Dörfer, die wie Schwalbennester an der Steilküste kleben, machen die Makarska-Riviera zwischen Brela und Gradac zu einem der schönsten Küstenstreifen an der Adria. Hvar und Brač liegen nur einen Katzensprung davon entfernt.

BRELA 5 E5

Das Städtchen, die »Perle der Riviera von Dalmatien«, steht bei Badeurlaubern seit Langem hoch im Kurs, denn der von Bäumen gesäumte weiße Kiesstrand gehört zu den schönsten zwischen Split und Dubrovnik. Der ältere Ortsteil **Gornja Brela** zieht sich entlang der alten Küstenstraße, die höher an der Bergflanke entlang gen Pisak verläuft. Das moderne **Donja Brela** nistet unten am Küstenstreifen.

INFO

Tourismusverband

- Trg Alojzija Stepinca bb | 21322 Brela
  Tel. 021/61 84 55 | www.brela.hr

HOTELS

Bluesun Berulia €€€

Das luxuriöse Strandhotel in einem üppigen Park ist ideal für sportlich aktive Familien. Mit Restaurant.

- Frankopanska 66 | Brela
  Tel. 021/60 35 99
  www.brelahotelberulia.com

Marina & Maestral €€

Alle Zimmer der in einem Pinienhain gelegenen Hotelanlage sind mit einem Balkon ausgestattet und bieten Meerblick. Umfangreiches Sportangebot und Nachtklub.

- Filipinska 1 | Brela
  Tel. 021/60 86 08
  www.hotelmarinaadria.com

RESTAURANT

Ivandića Dvori €€

In alten Gemäuern, mit fantastischer Sicht und sehr guter Küche – der Ort für ein stimmungsvolles Dinner.

- Banje 1 | Brela
  Tel. 021/61 86 46
  www.konoba-ivandicadvori.com

MAKARSKA 6 F5

Der Hauptort (14 000 Einw.) der gleichnamigen Riviera am Fuße des Biokovo-Gebirges eröffnete bereits 1914 das erste Hotel für Kurgäste. Auf der von langen Palmenreihen und Cafés gesäumten Hafenpromenade **Marineta,** die sich mit dem dahinterliegenden Altstadtkern wie ein antikes Theater um die Hafenbucht aufbaut, herrscht im Sommer Hochbetrieb. Im Herzen der Altstadt öffnet sich der Hauptplatz, den auf beiden Seiten alte Bürgerhäuser, barocke Residenzen und die Kirche **Sveti Marko** (1776) umgeben.

In der Altstadt von Makarska

INFO

Tourismusverband

- Obala Kralja Tomislava 16
  21300 Makarska | Tel. 021/61 20 02
  www.makarska-info.hr

VERKEHR

- **Busse** nach Split und Dubrovnik (Busterminal, Ante Starčevića, Makarska, Tel. 021/61 23 33).
- **Fährverbindungen:** Jadrolinija-Autofähren nach Sumartin/Insel Brač.

HOTELS

Meteor €€€

Renoviertes Komforthotel am Strand; Fitnesscenter, Indoor-Pool.

- Petra Krešimira IV bb | Makarska
  Tel. 021/56 42 00
  www.hoteli-makarska.hr

Biokovo €€

Am Hafen gelegenes, gepflegtes Haus mit eigenem Restaurant. Viele Zimmer mit Balkon und Meerblick.

- Obala Kralja Tomislava | Makarska
  Tel. 021/61 52 44
  www.holidaymakarska.com

Porin €€

Zauberhaftes kleines Privathotel mit Dachterrasse und Restaurant in neoromanischem Schlösschen.

- Marineta 2 | Makarska
  Tel. 021/61 37 44 | www.hotel-porin.hr

RESTAURANTS

Konoba Kalalarga €€

Abseits vom Rummel an der Riva, in einer Altstadtgasse gelegen, ist diese Konoba noch ein authentisch-dalmatinisches Lokal mit schnörkelloser Küche.

- Kalalarga 40 | Makarska
  Mobil-Tel. 098/9 90 29 08

Stari Mlin €€

Serviert Fisch und Meeresfrüchte mit frischen Kräutern.

- Prvosvibanjska 43 | Makarska
  Tel. 021/61 15 09

PODGORA 7 F5

Der Ort, der übersetzt »unterm Berg« heißt, liegt entsprechend schön am Fuß des Biokovo-Gebirges, umgeben von terrassierten Weingärten und Olivenhainen. Podgora besitzt sogar noch eine kleine Fischfangflotte, alles beherrschend sind jedoch die Hotels und Ferienhäuser unten am Meer. Von der Renovierungswelle wurden diese allerdings noch nicht erfasst, der Standard ist eher einfach.

INSEL HVAR ★

Hvar rühmt sich, mit 2716 Sonnenstunden pro Jahr der sonnigste Ort in Kroatien zu sein. Zudem fasziniert die rund 68 km lange und bis zu 11 km breite Insel (12 000 Einw.) mit ihrer Pflanzenpracht: Hier wachsen Palmen, Agaven, Oleander, Kakteen, Zypressen und Johannisbrotbäume. › mehr S. 17 Punkt 28

VERKEHR

Autofähren verkehren zwischen Split und Stari Grad; Hvar-Stadt wird nur von Passagierschiffen angefahren.

HVAR-STADT 8 E6

Malerisch in einer Bucht im Inselwesten gelegen, wartet der Hauptort mit einer romantischen Altstadt auf, deren Mittelpunkt der mit hellen Marmorplatten gepflasterte Hauptplatz ist. Zum Hafen hin dominiert das **Luxushotel Palace** mit einem besonderen Juwel den Platz – der eleganten, über 500 Jahre alten Loggia. An der Schmalseite des Platzes thront die **Stephanskathedrale** (Sveti Stjepan) mit einem fünfgeschossigen Campanile und einer reizvollen Renaissancefassade. Die Läden am Platz verkaufen Hvars duftendes Naturprodukt: Lavendel. › mehr S. 17 Punkt 34

Dem Gotteshaus gegenüber liegt das von Palmen und Gartenanlagen umgebene Hafenbecken. Steigt man vor dem wuchtigen **Arsenal**, einst Dock für Kriegsschiffe, die Außentreppe zur Terrasse hinauf, bietet sich ein grandioser Blick auf **Hafen** und Altstadt. Vom Hafen fahren im

Sommer Ausflugsboote zu den **Hölleninseln** (Pakleni otoci) und zur sandigen FKK-Bucht Palmižana auf der Badeinsel **Sveti Klement.**

Im Süden der Stadt an der Kriza-Bucht liegt inmitten blühender Gärten das 1461–1471 erbaute **Franziskanerkloster.** Im Refektorium sind Bücher, Münzen und Gemälde alter Meister wie etwa des venezianischen Malers Palma il Vecchio ausgestellt. Schönster Teil der Klosteranlage ist der aus der Renaissance stammende Kreuzgang (Mai–Okt. Mo–Sa 9–15, 17–19 Uhr, Eintritt 35 Kn).

INFO

Tourismusverband

- Trg Sv. Stjepana | 21450 Grad Hvar
  Tel. 021/74 10 59 | www.tzhvar.hr

HOTELS

Fast alle Hotels in Hvar-Stadt und Umgebung gehören zu einer Gruppe und sind auf www.suncanihvar.com gelistet.

Riva €€€

Designermöbel, das hervorragende Restaurant und die BB Bar mit Hvars schönstem Sonnenuntergangsblick machen das Riva zu etwas Besonderem.

- Riva bb | Grad Hvar | Tel. 021/75 01 00

Podstine €€

Privathotel mit geschmackvoller Einrichtung, eigenem Badeplatz und Garten.

- Zagebačka 13 | Grad Hvar
  Tel. 021/74 04 00 | www.podstine.com

Villa Fio €€

Kleine Villa am Stadtrand von Hvar mit einigen Apartments (mit Küche) und auch Zimmern; sehr nette Gastgeber.

- Lucije Rudan 67 | Grad Hvar
  Tel. 021/74 10 82 | www.villa-fio-hvar.com

RESTAURANTS

Zlatna Školka €€€

Die »Goldene Muschel« zeichnet sich durch hübsche Altstadtlage aus. Der Fisch ist von tadelloser Frische.

Ein Fischer von der Insel Hvar flickt seine Netze

- Petra Hektorovica 8 | Grad Hvar
  Mobil-Tel. 098/9 17 73 86

Macondo €€
Bekannt für gute Fischspezialitäten.
- Ulica Petra Hektorovića | Grad Hvar
  Tel. 021/74 28 50 | www.macondo.com.hr

Pršuta 3 €€
Die Weinbar serviert zu bestem Rebensaft hauchdünn geschnittenen Schinken, Käse, Oliven und Brot; herzliche Atmosphäre.
- Trg Tv. Petra Hektorovića 5 | Grad Hvar
  Mobil-Tel. 098/9 69 61 93

NIGHTLIFE

Carpe Diem
Beliebte Bar mit DJs; je später der Abend, desto ausgelassener die Party. > **mehr S. 17 Punkt 28**
- Riva bb | Grad Hvar | Tel. 021/74 23 69
  www.carpe-diem-hvar.com

Falko Bar
Die lässige Beach-Bar nahe dem Hotels Anfora zählt zu den Hotspots von Grad Hvar.
- Šet. Tonia Petrića 22 | Grad Hvar
  Mobil-Tel. 095/2 33 52 96
  www.facebook.com/falkohvar

SHOPPING

Kloster der Benediktinerinnen
Im Kloster werden Spitzendeckchen aus Agavenfasern verkauft. Die edlen Stücke haben allerdings ihren Preis.
- Matija Ivanica 13 | Grad Hvar
  Tel. 0 21/74 10 52

STARI GRAD 9 ★ E6

Der 1500 Einwohner zählende Ort liegt an einer tief ins Land reichenden Bucht, die schon die Griechen zu schätzen wussten. Sie gründeten hier im 4. Jh. v. Chr. den Hafen Pharos. Die damals angelegten, rechteckigen, von Steinmauern begrenzten Felder, Chora genannt, sind bis heute erhalten geblieben und seit dem Jahr 2008 als **Starigradsko polje** Kroatiens siebtes und jüngstes UNESCO-Weltkulturerbe. Bei der Besichtigung ist die historische Bedeutung jedoch nur schwer nachzuvollziehen.

Der ehemalige Palast des kroatischen Renaissancedichters Petar Hektorović (1487–1572), das wehrhafte **Schloss Tvrdalj** mit Säulengängen, eigenem Teich und Gärten, zeigt, dass die bessere Gesellschaft der Renaissance kein schlechtes Leben führte (Juni–Sept. tgl. 10–13, Juli/Aug. auch 17.30–20.30 Uhr, Eintritt 15 Kn).

Ein Stück weiter präsentiert das **Museum für Unterwasserarchäologie** im wunderbar restaurierten Palazzo Biankini römische Amphoren und Funde aus dem griechischen Pharos (Juli, Aug. tgl. 10–13, 19–21, Mai, Juni, Sept., Okt. 10–13 Uhr, Eintritt 20 Kn).

INFO

Tourismusverband
- Obala F. Tuđmana 1 | 21460 Stari Grad
  Tel. 021/76 57 63 | www.stari-grad-faros.hr

RESTAURANT

Eremitaž €€
Das schattige Gartenlokal liegt hübsch gegenüber von Stari Grad am Meer; beste Fisch- und Grillgerichte.
- Obala hrvatskih branitelja | Stari Grad
  Mobil-Tel. 091/5 42 83 95
  www.facebook.com/eremi50

NERETVA-DELTA

Bei der Hafenstadt **Ploče** 10 F6 beginnt das Mündungsdelta der Neretva mit seinen durch Kanäle parzellierten Obst- und Gemüsefeldern.

Fährt man entlang der Neretva ins Landesinnere, trifft man nahe der Provinzhauptstadt Metkovič bei **Vid** 11 F6, auf die römische Ausgrabungsstätte **Narona.** Im Archäologischen Museum in Vid sind die wertvollen Funde, darunter Statuen des Kaiserpaares Augustus und Livia, zu bewundern (20352 Vid, www.a-m-narona.hr, Juni–Sept., Di–So 9–19, Okt.–Mai, Mo–Fr 9–16, Sa 9 bis 17, So 9–13 Uhr, Eintritt 40 Kn).

Zitruskulturen südwestlich von Pelješac

HALBINSEL PELJEŠAC

Hinter dem Städtchen Ston an der Landenge zwischen Festland und Halbinsel zeigt die Pelješac zwei Gesichter: Die Nordostküste erinnert in ihrer Kargheit an skandinavische Gestade, die Südwestküste passt mit Feigen- und Zitruskulturen, Kiefernwäldern und Weingärten ins mediterrane Bild der Region.

STON 12 G6

Die Ortschaft, bestehend aus Veliki Ston (600 Einw.) und Mali Ston (200 Einw.), ist das Tor zur Halbinsel Pelješac. Schon vor über 2000 Jahren war der Ort für die Salzgewinnung bekannt. Seit dem 14. Jh. riegelt eine kilometerlange, mit Türmen und Bastionen versehene **Mauer** den schmalen Zugang zur Halbinsel vom Festland komplett ab, um die Salinen gegen potenzielle Angreifer zu schützen (http://citywallsdubrovnik.hr, April, Mai, Aug., Sept., 8–18.30, Juni, Juli 8–19.30, Okt. 8 bis 17.30, Winter 9–15 Uhr, Eintritt 70 Kn). > mehr S. 13 Punkt 5

Die historische Befestigungsanlage hielt auch dem verheerenden Erdbeben der Stärke 6,0 im September 1996 stand, nicht aber der historische Kern von **Veliki Ston.** Am hübschen Hafen in **Mali Ston** steht als Endpunkt der Bastion ein mächtiger Turm, der sich zwischen bunten Booten im Wasser spiegelt. Mehrere Restaurants laden dazu ein, hier Austern oder fangfrischen Fisch zu genießen.

INFO

TZG

- Pelješki put | 120230 Ston
  Tel. 020/75 44 52 | www.ston.hr

HOTEL

Ostrea €€

Mit »antiken« Möbeln dekoriertes Hotel (9 Zi.) am Hafen; gutes Restaurant > **unten.**

- Mali Ston | Tel. 020/75 45 55 www.ostrea.hr

RESTAURANTS

Mlinica €€

Sehr gutes Restaurant am Hafen, im Hotel Ostrea > **oben**, mit großer Fischkarte und frischen Austern.

- Mali Ston | Tel. 020/75 45 55 www.ostrea.hr

Konoba Bakus €

In der Altstadt, mit leckeren Muscheln, gewürztem Oktopussalat und Fischplatte.

- Angeli Radovani 5 | Veliki Ston Tel. 020/75 42 70 | www.bakus.hr

OREBIĆ 13 F6

Der lang gezogene Ort (2500 Einw.) liegt am Fuße des 961 m hohen Bergs Sveti Ilija. Er schirmt das Kapitäns- und Hafenstädtchen gegen kühle Winde ab, und so reifen hier Feigen, Zitronen und Orangen. Wer sich für Schifffahrt interessiert, findet im **Marinemuseum** mit Karten, Instrumenten und Schiffsmodellen einen guten Einblick in die lange Geschichte Orebićs als Seehandelsstadt (Juni–Sept., Mo–Fr 7–20, Sa, So 16–20, Winter Mo–Fr 7–15 Uhr, Eintritt 15 Kn).

Ein fantastischer Aussichtspunkt mit Blick über den Kanal von Orebić auf die Insel Korčula eröffnet sich vom **Franziskanerkloster** über der Stadt. > **mehr S. 13 Punkt 8**

WEINBAUPARADIESE

Die Halbinsel Pelješac und die Insel Korčula gehören zu den führenden kroatischen Weinbauregionen. In dem von Bergflanken geschützten, sonnenverwöhnten Zentrum von **Pelješac** reifen an terrassierten Hängen die roten Plavac-Mali-Trauben. In Gütern um die Winzergemeinde Potomje werden sie je nach Herkunft unter Dingač und Postup abgefüllt. Verköstigen und kaufen kann man die guten Tropfen entlang einer neuen **Weinstraße:**
In Trstenik baut die Kellerei Grgič den Plavac Mali in Barrique-Fässern aus (Tel. 020/ 74 80 90, www.grgic-vina.com). Die Vinarija Madirazza in Potomje produziert neben Weiß-, Schaum- und Roséweinen den charakteristischen roten Dingač, (Tel. 020/74 20 16, www.dingac.hr). Ein köstlicher Weißwein aus Marastina- und Rukatac-Trauben wird in Putniković hergestellt und unter dem Namen Sveta Ana verkauft. Auch **Korčulas** Klima und Böden bieten beste Bedingungen für den Weinbau, besonders für die weißen Rukatac-, Grk- und Marastina-Weine. Hervorragenden Grk kann man in Lumbarda z. B. bei Winzer Branimir Cebalo (Tel. 020/71 20 44, www.grk-cebalo.com) verkosten. In Čara keltert die Vinarija Šain-Marelić einen der besten Pošip-Weine (Tel. 020/83 31 16), die Vinarija Toreta in Smokvica hat sich ebenfalls auf Pošip spezialisiert und verkauft daneben auch Honig und Olivenöl (Mobil-Tel. 098/1 84 97 88, www.facebook.com/winetoreta).

Weinlese auf Korčula, einem Zentrum des kroatischen Weinanbaus

INFO

Tourismusverband

- Zrinsko-frankopanska 2 | 20250 Orebić
  Tel. 020/71 37 18
  www.visitorebic-croatia.hr

HOTELS

Indijan €€€

Modernes kleines Strandhotel, Wellnessangebot und Restaurant unter Palmen.

- Skvar 2 | Orebić
  Tel. 020/71 45 55 | www.hotelindijan.hr

Boutique Hotel Adriatic €€

Hübsch eingerichtetes Haus mit Kiesstrand und angenehmem Restaurant.

- Šetalište Kneza Domagoja 8 | Orebić
  Tel. 020/71 44 88
  www.hoteladriaticorebic.com

RESTAURANTS

Konoba Karako €€

Terrasse zum Meer und leckere Fischgerichte vom Grill – ein angenehmer Ort für einen entspannten Abend.

- Šetalište Kneza Domagoja 32 | Orebić
  Mobil-Tel. 098/9 76 83 71

Panorama €

An der Straße zum Kloster mit grandiosem Blick und vielen traditionellen Gerichten, z. B. Tintenfisch aus der Peka.

- Bilopolje | Tel. 020/71 41 70

INSEL KORČULA 9

Mit 279 km² und 17 000 Einwohnern gehört Korčula zu den größeren Vorposten der dalmatinischen Küste. Die zentrale Straße verläuft durch gebirgige Landschaft, deren höchste Erhebung der Klupca mit 568 m ist. Am Fuß des Bergrückens finden sich rund um die Dörfer ausgedehnte Rebgärten, die Korčula unschwer als Weinbauzentrum erkennen lassen › S. 118. Den früher dichten, dunklen Wäldern verdankte Korčula seinen antiken Namen Corcyra nigra, schwarzes Korfu.

Vielen gilt Korčula als schönstes Städtchen der kroatischen Inselwelt

Verkehr

Autofähren zwischen Orebić und Korčula-Stadt sowie zwischen Vela Luka und Split, außerdem Personenfähren bzw. Katamarane. Informationen bei Jadrolinija.

- Plokata 19 | 20260 Korčula
  Tel. 020/71 54 10 | www.jadrolinija.hr.

KORČULA-STADT 14 ★ F6

Kein Wunder, dass die Inselhauptstadt (2800 Einw.) eines der bekanntesten Fotomotive Kroatiens ist: Die Altstadt liegt malerisch auf einer kleinen Halbinsel im Meer. Illyrer, Römer, Venezianer, Franzosen und Österreicher fühlten sich von der Schönheit der Insel angezogen und hinterließen dort ihre Spuren. Der historische Stadtkern gehört zu den stimmungsvollsten Relikten des Mittelalters in Dalmatien. Steigt man die barocke Freitreppe hinauf, die zum wehrhaften Stadtmauerring führt, fühlt man sich hinter dem **Landtor** (Veliki Revelin) ins Mittelalter versetzt. Über viele stürmische Jahrhunderte hinweg blieb das Stadtbild im Großen und Ganzen unversehrt erhalten, weil Korčula »weit ab vom Schuss« lag – im wahrsten Sinne des Wortes.

Hinter dem Landtor öffnet sich der Platz Brača Radić mit einem **Triumphbogen** auf der Innenseite des Tores zu Ehren des venezianischen Verwalters von Dalmatien, Leonardo Foscolo. Beim **Rathaus** aus der Renaissance, das über eine Loggia und einen Arkadengang verfügt, führt ein Durchgang zum **Conte-Palast**, dem Amts- und Wohnsitz des ehemaligen Statthalters.

Auf dem Platz an der höchsten Stelle der Altstadt thront die seit Beginn des 15. Jhs. erbaute **Markuskathedrale** (Sveti Marko). Der aus dem Ort stammende Künstler Marko Andrijić schuf neben der Fensterrose auch das von vier runden Säulen gestützte Ziborium über dem Altar. Zu den Prunkstücken des Innenraumes gehören Gemälde berühmter Maler, darunter Tintoretto und Leandro Bassano, und sehenswerte Bildhauerarbeiten von Ivan Meštrović (Juli, Aug. tgl. 9–19, sonst nur zur Messe, Kombiticket mit Bischofspalast 25 Kn, Turmbesteigung 20 Kn).

Im angrenzenden ehemaligen **Bischofspalast** (Opatska Palača) werden in der Schatzkammer wertvolle Exponate wie Skizzen von Leonardo da Vinci, berühmte Gemälde sowie Silber- und Goldschmiedearbeiten aufbewahrt (im Sommer Mo–Sa 9–19 Uhr, im Winter nach Voranmeldung, Kombiticket mit Kathedrale 25 Kn).

Von der Kathedrale führt in nördlicher Richtung eine Gasse zum Stadtturm **Zakrjan.** Gleich am Anfang der schmalen Verbindung steht das sogenannte **Geburtshaus von Marco Polo,** die Touristenattraktion der Stadt. Im Innern sind einige Exponate ausgestellt, die an den Weltreisenden erinnern. Vom Aussichtsturm des Hauses reicht der Blick über die Dächer der Altstadt. Ob Marco Polo wirklich in diesem Anwesen zur Welt kam, wird von vielen Historikern allerdings bezweifelt … (Mai–Okt. 9–14 Uhr, Eintritt 20 Kn).

Alljährlich werden im August in Korčula-Stadt die bekannten **Moreška-Ritterspiele** veranstaltet. In ihnen lebt die Erinnerung an jene Zeiten fort, als die Einwohner des Inselreiches von den Türken bedroht wurden. Bei den Moreška-Spielen tragen zwei rivalisierende Gruppen in historischen Kostümen einen Scheinkampf aus › S. 47.

INFO

Tourismusverband

- Obala Tuđmana 4 | 20260 Korčula
  Tel. 020/71 58 67 | www.visitkorcula.eu

HOTELS

Marko Polo €€

Das Haus liegt an der Uferpromenade gleich neben der Altstadt. Mit Restaurant, Schwimmbad, Wellness- und Sportangeboten.

- Šetalište F. Kršinića 102
  Tel. 020/72 61 00
  www.korcula-hotels.com

Privatzimmer und **Ferienhäuser** gibt es in großer Auswahl. Vermittlung über das Tourismusbüro.

RESTAURANTS

Nonno €€

Gute Fischküche direkt an der Uferpromenade.

- Ul. Od teatra 12 | Tel. 020/71 56 72
  www.facebook.com/RestaurantNonno

Konoba Mate €€

Wunderbare kleine Konoba im Dörfchen Pupnat (Bus von Korčula-Stadt) mit authentischer Inselküche.

- Pupnat 28 | 20274 Pupnat
  Tel. 020/71 71 09 | www.konobamate.hr

LUMBARDA 15 F6

Rund 7 km südöstlich von Korčula-Stadt liegt Lumbarda (1000 Einw.). Der kleine Touristenort hat einen Hafen und eine Marina, Ruinen aus der Römerzeit, mittelalterliche Kirchen und einige verstreut liegende Sommervillen. An mehreren schönen Badestränden wie Tatinja, Přzina und Bili Zal können auch Kinder gefahrlos spielen. In der Umgebung fällt der feine rötliche und gelbliche Sand ins Auge. Auf ihm gedeihen besonders die Grk-Reben vorzüglich, die den goldenen trockenen, aber schweren Weißwein liefern.

SMOKVICA 16 F6

Ein weiteres Zentrum der Weißweinproduktion auf Korčula ist Smokvica (800 Einw.). Hier ist in der Pfarrkirche Mariä Lichtmess die Loggia einer Kirche aus dem 17. Jh. erhalten geblieben.

VELA LUKA 17 E6

Die westlichste Stadt (4500 Einw.) der Insel liegt in einer tief eingeschnittenen Bucht. Wirtschaftlich bedeutend ist sie als Werft- und Fischereistandort.

Das Museum **Zbirka maslinarstva i uljarstva Zlokić** erklärt den Anbau und die Pressung von Olivenöl (Sommer Mo–Fr 10–12, 18 bis 20 Uhr, nach Voranmeldung, Mobil-Tel. 098/9 29 50 73, Eintritt frei).

Prähistorische Zeugnisse einer Besiedlung, die bis zu 20 000 Jahre zurückreichen, wurden in der Höhle **Vela Spila** gefunden, zu der ein Fußweg in 20 Min. hinaufführt (Infos beim Tourismusverband).

INFO

Tourismusverband

- Obala 3, br. 19 | 20270 Vela Luka
  Tel. 020/81 36 19 | www.tzvelaluka.hr

RESTAURANT

Pod Bore €€

Restaurant am Hafen, das manchmal *girice* auf der Karte hat: delikate, winzige gegrillte Fische mit Weißbrot.

- Obala 2 | Vela Luka | Tel. 020/81 21 23
  www.podbore.com

DUBROVNIK 18 ★ G6

Seinem Beinamen »Perle der Adria« wird Dubrovnik (42 500 Einw.) ebenso gerecht wie seinem Titel UNESCO-Weltkulturerbe. Vergangenheit und Gegenwart sind in der Stadt nur durch eine hölzerne Zugbrücke getrennt: Im lebhaften Hafenviertel überlagert das Tuten der großen Fähren und Kreuzfahrtschiffe das Rauschen des Verkehrs; hinter den Festungsmauern hingegen klingt das Gurren der Tauben und das Klappern von Absätzen in den alten Gassen. › mehr S. 15 Punkt 22

GESCHICHTE

Die Lage zwischen Venedig und dem Balkan bzw. dem östlichen Mittelmeer ließ das bereits im 7. Jh. gegründete Ragusa ab dem 13. Jh. zu einem wohlhabenden und einflussreichen Handelshafen heranwachsen. 1667 verwandelte ein Erdbeben einen Großteil der Stadt in ein Ruinenfeld, doch Dubrovnik wurde prächtig wieder aufgebaut. 1808 marschierten französische Truppen

Das Pile-Tor führt in Dubrovniks Altstadt

durch das Pile-Tor und beendeten die jahrhundertelange Unabhängigkeit der Stadt. Von 1815 bis 1918 stand sie unter der Herrschaft Österreichs und kam am Ende des Ersten Weltkrieges zu Jugoslawien.

Die jüngere Geschichte ist den Dubrovnikern besonders bitter in Erinnerung. Allein am Nikolaustag 1991 ging ein Hagel von über 2000 Granaten auf die Stadt nieder. Erst Ende September 1992 zog sich die jugoslawische Armee aus dem südlichsten Zipfel Dalmatiens wieder zurück. Die Schäden, die der Krieg in der Weltkulturerbe-Stadt angerichtet hat, sind vor allem in der historischen Altstadt durch aufwendigen Restaurierungsarbeiten beseitigt worden. Nur die neuen Dachziegel erinnern noch an den Beschuss.

DIE ALTSTADT 10

Die von einem imposanten Mauerring umgebene autofreie Altstadt ist architektonisch von modernen Einflüssen bis heute fast unberührt geblieben. Der historische Kern stammt aus den Jahren nach dem Erdbeben von 1667.

AM WESTLICHEN ENDE DER PLACA

Von Westen betritt man die Altstadt durch das im 15./16. Jh. erbaute **Pile-Tor** (Gradska vrata Pile) A. Dahinter beginnt die knapp 300 m lange **Stradun** oder **Placa,** wie die Dubrovniker ihre liebste Flanier- und Einkaufsmeile nennen. Ursprünglich trennte hier ein kleiner Meeresarm zwei Stadtteile. Er wurde zugeschüttet und die Straße mit Marmorplatten belegt.

Früher dankten Reisende dem Himmel für ihr sicheres Ankommen in der 1520 erbauten **Erlöserkapelle** (Sveti Spas) B, deren Fassade eine gotische Fensterrose schmückt. Davor bildet der kuppelförmige **Große Onofrio-Brunnen** (Velika Onofrijeva fontana) C mit seinen 16 Wasserspeiern einen beliebten Treffpunkt. Baumeister Onofrio della Cava arbeitete von 1438 bis 1444 an diesem Werk.

In der Kirche des ab dem Jahr 1317 errichteten **Franziskanerklosters** ★ (Franjevački samostan) D fand der Dichter Ivan Gundulić seine letzte Ruhestätte. Ältester Teil des Klosters ist ein stiller, frühgotischer Kreuzgang. Sehenswert ist die einstige Klosterapotheke mit z. T. originaler Einrichtung (Placa 2, Sommer tgl. 9–18, Winter tgl. 9 bis 14 Uhr, Eintritt 30 Kn). Gesäumt von Patrizierhäusern in einheitlicher Geschosshöhe, führt die Placa nach Osten zum Luža-Platz.

AM ÖSTLICHEN ENDE DER PLACA

An dem schmucklosen Glockenturm weitet sich die Hauptstraße zum **Luža-Platz** (Trg Luža) ★, dem Schaustück des alten Dubrovnik. Er verdankt diese Auszeichnung dem 1522 fertiggestellten **Sponza-Palast** (Palača Sponza) ★ E, der als Zollamt und Bank diente und heute die historischen Archive und einen Gedenkraum für die Opfer des Jugoslawienkriegs beherbergt. Zierliche Arkaden und gotische Maßwerkfenster schmücken die Fassade (Mai–Okt. 10–22, sonst 9–15 Uhr, Eintritt frei).

Davor steht der **Roland** F aus dem 15. Jh., über dem von 1419 bis 1808 die Flagge der Republik Ragusa wehte. Tauben umschwirren den **Kleinen Onofrio-Brunnen**. Er ist mit seinen fratzenhaften Fischfiguren das Pendant zum Großen Onofrio-Brunnen am Beginn der Placa.

In dem neogotischen **Alten Ratspalast** G residieren das Theater, die Stadtverwaltung und das in einer stilvollen Mischung aus Nostalgie und Moderne renovierte Gradskavana, Dubrovniks schönstes Café-Restaurant (Pred Dvorom 1, Tel. 020/32 12 02, www.nautikarestaurants.com).

ZUM PLOČE-TOR UND AUF DIE STADTMAUER

Die im 18. Jh. errichtete **St. Blasius-Kirche** H (Sveti Vlaho) ist dem Schutzheiligen der Stadt geweiht. Seine goldverzierte Statue auf dem Hochaltar wird von den Einheimischen hoch in Ehren gehalten (tgl. 7–12, 16–18 Uhr).

Weiter geht es zum **Dominikanerkloster** (Dominikanski samostan) I aus dem 14. Jh. Es grenzt an die Stadtmauer und passt sich der Wehrarchitektur bestens an. Das darin untergebrachte Museum zeigt sakrale Gegenstände, Reliquien, kostbaren Schmuck und Priestergewänder (Sv. Dominika 4, März–Dez. 9 bis 18, Jan., Feb. 9–17 Uhr, Eintritt 30 Kn).

Schließlich erreicht man das **Ploče-Tor** (Vrata od Ploča) J mit seiner Zugbrücke. Am Ploče- wie auch am Pile-Tor kann man auf die mächtige **Gradske zidine** hinaufsteigen und einen gut 2 km langen Spaziergang auf der **Stadtmauer** um die gesamte Altstadt mit herrlichen Ausblicken unternehmen (April–Mai, Aug.–Mitte Sept. 8 bis 18.30, Juni/Juli 8–19.30, Mitte Sept. bis Okt. 8–17.30, sonst mind. 10 bis 15 Uhr, Eintritt 150 Kn).

Auf der Ostseite der Stadtmauer blickt man auf den **Alten Stadthafen** (Stara luka) K, der vom **Fort Sveti Ivan** L mit monumentalen Türmen bewacht wird. Darin zeigt das **Schifffahrtsmuseum** (Pomorski Muzej) Schiffsmodelle, Waffen, Karten und nautische Instrumente (Sommer Di–So 9–20, Winter 9–16 Uhr, Kombiticket mit Stadtmuseum, Museum Rupe u.a. 120 Kn). Das **Aquarium** präsentiert in 27 Bassins Lebewesen der Unterwasserwelt (Sommer tgl. 8–19.30, Winter Mo–Sa 10–13 Uhr, Eintritt 60 Kn).

A Pile-Tor
B Erlöserkapelle
C Großer Onofrio-Brunnen
D Franziskanerkloster
E Sponza-Palast
F Roland
G Alter Ratspalast
H St. Blasius-Kirche
I Dominikanerkloster
J Ploče-Tor
K Alter Stadthafen
L Fort Sveti Ivan
M Kathedrale Mariä Himmelfahrt
N Rektorenpalast
O Marktplatz
P Jesuitenkirche St. Ignatius
Q Museum Rupe

IN DER SÜDLICHEN ALTSTADT

Die barocke **Kathedrale Mariä Himmelfahrt** (Velika Gospa) Ⓜ, die nach dem Erdbeben von 1667 auf den Fundamenten einer Basilika aus dem 7. Jh. entstand, birgt einen echten Tizian: das Altarbild »Mariä Himmelfahrt«. Die Schatzkammer präsentiert Reliquien und Goldschmiedearbeiten (Kneza D. Jude 1, Sommer Mo–Sa 9–16, So 11–16, Winter Mo–Sa 9–12, 16–17, So 11 bis 12, 15–17 Uhr, Kathedrale Eintritt frei, Schatzkammer 20 Kn).

Zu den imposantesten Zeugnissen aus Dubrovniks Blütezeit gehört der **Rektorenpalast** (Knežev Dvor) Ⓝ, dessen Bau 1435 nach Plänen von Onofrio della Cava begann und im Renaissancestil beendet wurde. Der Palast diente als Wohnung des Rektors, der immer nur einen Monat im Amt war und in dieser Zeit den Palast nicht verlassen durfte.

Säulen des Rektorenpalasts

Durch eine Arkadenhalle gelangt man in den Innenhof mit einer eleganten Barocktreppe. Im Juli/August erklingt hier im Rahmen des Dubrovnik-Festivals klassische Musik (www.dubrovnik-festival.hr). In den oberen Etagen des Palasts zeigt das **Stadtmuseum** (Dubrovački muzeij) wertvolles Mobiliar und Kunst (Pred Dvorom 3, Sommer tgl. 9–18, Winter 9–16 Uhr, Eintritt 80 Kn oder Kombiticket mit Schifffahrtsmuseum, Museum Rupe u. a. 120 Kn).

Auf dem nahen **Marktplatz** (Gundulićeva Poljana) Ⓞ umlagern Obst- und Gemüsestände (tgl. außer So 8–12 Uhr), schwatzende Bauern und deren Kunden das Denkmal des Dichters Ivan Gundulić. Eine Barocktreppe führt hinauf zur 1725 geweihten **Jesuitenkirche St. Ignatius** (Sveti Ignacije) Ⓟ, deren Stolz die eindrucksvollen Fresken sowie die älteste Glocke der Stadt sind. > mehr S. 18 Punkt 37

Das ethnografische **Museum Rupe** (Muzej Rupe) Ⓠ ist im alten Kornspeicher der Stadt aus dem Jahr 1543 untergebracht und präsentiert volkskundliche Exponate zur Kultur- und Wirtschaftsgeschichte von Dubrovnik und Dalmatien von der Antike bis zum späten Mittelalter (Sommer Mi–Mo 9–20, Winter Mi–Mo 9–16 Uhr, Kombiticket mit Schifffahrtsmuseum, Stadtmuseum u. a. 120 Kn).

Vom nahe gelegenen Berg Srđ genießt man einen tollen Blick (www.dubrovnikcablecar.com, Juni–Aug. 9 bis 24, Mai, Sept. 9–22, April, Okt. 9–20, Feb., März, Nov. 9–17, Dez., Jan. 9–16 Uhr, Rundfahrt 150 Kn).

INFO

DubrovnikCard

Die DubrovnikCard (180–315 Kn, bei der Tourist Info und in Museen) gewährt u. a. freien Eintritt zu bis zu 10 Sehenswürdigkeiten.

Tourist Info Center

- Brsalje 5, Pile | 20000 Dubrovnik
  Tel. 020/31 20 11 | www.tzdubrovnik.hr

VERKEHR

Dubrovnik Airport

Bus ins Stadtzentrum (ca. 20 Min).

- 20213 Čilipi Konavle | etwa 22 km südlich
  Tel. 020/77 31 00
  www.airport-dubrovnik.hr

Busverbindungen

Busse nach Split, Zagreb, Rijeka.

- Obala Pape Ivana Pavla II
  am Hafen Gruž
  Tel. 060/30 50 70 (Sondertarif)
  www.libertasdubrovnik.hr

Jadrolinija

Fähren vom Hafen Gruž auf die Elaphitischen Inseln und nach Mljet.

- Obala S. Radiča 40 | Dubrovnik
  Tel. 020/41 80 00 | www.jadrolinija.hr

HOTELS

Grand Villa Argentina €€€

Sehr luxuriöser Komplex mit Strand, Pool, Wellnesscenter und Tennisplatz.

- Frana Supila 14 | Dubrovnik
  Tel. 020/44 05 55
  www.adriaticluxuryhotels.com

The Pucić Palace €€€

Elegantes, kleines 5-Sterne-Hotel mit nur 19 Zimmern im Altstadtzentrum.

- Ulica od Puca 1 | Tel. 020/32 62 22
  www.thepucicpalace.com

Lapad €€

Stilvoll eingerichtetes renoviertes Haus in schöner Lage, Pool.

- Lapadska obala 37 | Dubrovnik
  Tel. 020/45 55 55
  www.lapadhoteldubrovnik.com

Old Town Hostel €

Die acht hell eingerichteten Zwei- und Mehrbettzimmer im Herzen der Altstadt sind ideal für junge Leute.

- Od Sigurate 7 | Dubrovnik
  Tel. 020/32 20 07
  www.dubrovnikoldtownhostel.com

Vila Micika €

Einfache, ruhige Pension im Vorort Lapad.

- Mata Vodopića 10 | Dubrovnik
  Tel. 020/43 73 32 | www.vilamicika.hr

RESTAURANTS

Das Angebot in der beliebten Prijeko-Straße ist sehr touristisch. Besser isst man hier:

Atlas Club-Nautika €€€

Candle-Light-Dinner mit Räucherlachs, Meeresfrüchten oder Langusten.

- Brsalje 3 | Dubrovnik
  Tel. 020/44 25 26
  www.nautikarestaurant.com

Bistrot Tavulin €€

Das winzige Lokal hinter der Blasiuskirche serviert Raritäten wie Oktopus-Ragout oder Rindsbäckchen.

- Zvijete Zuzorić 1 | Dubrovnik
  Tel. 020/32 39 77 | www.tavulin.com

Kamenice €€

In dem Restaurant am Marktplatz gibt's bereits zum Frühstück frische Austern.

- Gundulićeva Poljana 8 | Dubrovnik
  Tel. 020/32 36 82

Karte S. 125

Orhan €€

Unterhalb des Forts Lovrijenac am Wasser gelegen, leckere Fisch- und Fleischgerichte sowie gute Risotti und Salate.

- Od Tabakarije 1 | Dubrovnik
  Tel. 020/41 19 18
  www.restaurant-orhan.com

Oliva €

Eine nette, preiswerte Pizzeria für den Hunger zwischendurch.

- Lučarica 5 | Dubrovnik
  Tel. 020/32 45 94
  www.olivadubrovnik.com

NIGHTLIFE

Buža

Die Bar auf den Uferfelsen vor der südlichen Stadtmauer ist romantisch und absolut in – einfach den Schildern »cold drinks« folgen, Platz nehmen und genießen!

Revelin

Trendiger Nachtklub am Ploče-Tor.

- Ulica Svetog Dominika 3 | Dubrovnik
  Tel. 020/43 60 10 | www.clubrevelin.com

Lazareti

Technofans treffen sich am Ploče-Tor.

- Frana Supila 8 | Dubrovnik
  Tel. 020/42 34 97 | www.lazareti.com

Sky Bar

Der beliebte Klub am Pile-Tor spricht vor allem feier- und trinkfreudige Gäste an.

- Brsalje 8 | Dubrovnik
  Mobil-Tel. 091/4 20 20 94
  www.facebook.com/skybardu

Trubadur

Guter Pub mit Livejazz.

- Bunićeva poljana 2 | Dubrovnik
  Tel. 020/32 34 76

AUSFLÜGE VON DUBROVNIK

INSEL LOKRUM

Sonnenbaden, Schwimmen und Schnorcheln in Altstadtnähe kann man auf der vorgelagerten Insel **Lokrum.** Schiffe verkehren ab dem Alten Hafen, in der Saison 9–19 Uhr.

CAVTAT 19 G6

Wo einst das antike Epidaurum lag, schmiegt sich heute das Städtchen Cavtat an eine malerische Bucht. Die Hafenpromenade führt vorbei am **Rektorenpalast** (16. Jh.) zur Kirche **Sveti Vlaho** mit einem schönen Renaissancekreuzgang.

Südlich von Cavtat beginnt die Agrarlandschaft des Konavle. In **Čilipi** führt eine mitreißende Folkloregruppe im Sommer sonntags gegen 11 Uhr Tänze und Lieder auf.

› mehr S. 13 Punkt 7

RESTAURANT

Taverna Galija €€€

Ein kulinarischer Höhepunkt: Es gibt Köstlichkeiten wie Seegurke mit Fenchelsoße und Fischcarpaccio.

- Vulićevićeva 1 | 20210 Cavtat
  Tel. 020/47 85 66 | www.galija.hr

INSEL UND NATIONALPARK MLJET 20 11 F6

Mljet ist ein bergiges Naturreservat, in dem blaue Seen zwischen sattgrünen Wäldern glitzern und Sand- und Kieselstrände die Küsten säumen. Den größten Teil von Mljet bedecken Aleppokiefern- und Steineichenwälder. In den geschützten

Das grüne Inselparadies Mljet ist knapp 100 km² groß

Buchten **Sapčunari** und **Blace** im Osten liegen die schönsten Badestrände, im Westen die miteinander verbundenen Salzwasserseen **Malo jezero** und **Veliko jezero.** Auf einer Insel im Veliko jezero steht das Benediktinerkloster **Sveta Marija. Pomena** im Nordwesten ist der Hafen, den die Ausflugsschiffe anfahren. Das Inselinnere lässt sich auf einem 12 km langen Rundweg erwandern.

INFO

Nacionalni park Mljet

Eintritt 70–125 Kn je nach Saison.

- Pristanište 2 | 20226 Govedjari
  Tel. 020/74 40 41 | www.np-mljet.hr

HOTEL

Hotel Odisej €€

Großes, modernes, gut ausgestattetes Haus am Hafen.

- 20226 Pomena | Tel. 020/36 21 11
  www.adriaticluxuryhotels.com

DIE ELAPHITEN 21 G6

Die Elaphitischen Inseln sind kleine grüne Oasen im Meer nordwestlich von Dubrovnik. Schon die Römer liebten sie, später ließen Handelsherren, Rektoren und Kapitäne von Ragusa hier ihre Villen erbauen. Heute sind die vegetationsreichen Inseln mit ihren hübschen kleinen Badebuchten etwas isoliert; nur viermal am Tag kommt die Fähre in der Hochsaison, deshalb sollte man den Besuch genau planen › S. 109.

KOLOČEP

Die kleinste der drei Elaphiten ist ideal für ruhige oder sportliche Ferien. Unterkunft bietet das Kalamota Island Resort (20221 Donje Celo bb, Tel. 020/31 21 50, www.karismaadriatic.com, €€€), Sport der Adventure-Veranstalter Huck Finn › S. 32, der tolle Seekajaktouren im Programm hat.

Karte S. 106

LOPUD

Lopud ist ein dicht bewaldetes Eiland mit kleinem Inselberg, den Überresten eines **Franziskanerklosters** und einem wunderbaren **Sandstrand** auf der dem Hafen gegenüberliegenden Inselseite. Etwa 20 Min. braucht man für den Fußweg dorthin. > mehr S. 13 Punkt 6

HOTEL

Villa Vilina €€€

Elegantes, familiäres Hotel am Hafen; mit Pool; dazu einige Apartments.

- Obala Ivana Kuljevana 5 | 20222 Lopud Tel. 020/75 93 33 | www.villa-vilina.hr

ŠIPAN

Besuchenswert ist diese Elaphiten-Insel wegen der beiden an Ritterburgen erinnernden Villen am Hafen von **Suđurađ,** die im 17. Jh. zwei Kapitänen gehörten (nur für Gruppen zugänglich).

Šipans zweiter Hafen, **Luka Šipanska,** liegt etwa 3 km von Suđurađ entfernt. Der Inselbus durchquert von hier aus die Insel und lässt seine Passagiere an der malerischen Bucht von Šipanska aussteigen.

HOTEL

Hotel Šipan €€

Gemütliche renovierte Zimmer in einer umgebauten Fischfabrik.

- 20223 Luka Šipanska | Tel. 020/36 19 01 www.hotel-sipan.hr

RESTAURANT

Konoba kod Marka €€€

Beste Landesküche aus frischen Zutaten, am Meer; besser reservieren!

- 20223 Luka Šipanska | Tel. 020/75 80 07

NACH MONTENEGRO: KOTOR ★

Das zum UNESCO-Weltkulturerbe zählende Städtchen Kotor liegt an einer fjordartigen Bucht mit schmalem Durchgang zum Meer. Eingerahmt von den südlichen Ausläufern des Dinarischen Gebirges, die hier bis zu 1749 m Höhe erreichen, bieten Bucht und Ort ein einzigartiges, malerisches Landschaftsbild. Kotor ist eine römische Gründung (3. Jh.) und wird von eindrucksvollen, zwischen dem 9. und 19. Jh. erbauten Wehrmauern bewacht. In der Altstadt erwartet den Besucher ein charmantes Netz von Gassen, Gässchen und Plätzen rund um die 1166 gegründete und sich heute barock präsentierende Kathedrale Sveti Tripun mit romanischem Kirchenraum. Lohnenswert ist auch eine Bootsfahrt vom Hafenort Perast am Nordufer der Bucht zur Friedhofsinsel Sveti Djordje und zur Insel Gospa Skrpjel, deren barocke Kirche Seeleuten seit Jahrhunderten als Wallfahrtsort dient.

Info: Von Dubrovnik aus fährt man auf guten Straßen 90 km nach Süden bis Kotor; für den Grenzübertritt ist ein Reisepass erforderlich. Auskünfte erteilt das montenegrinische Fremdenverkehrsamt: National Tourism Organisation of Montenegro, Marka Miljanova 17, 81000 Podgorica, Montenegro, Tel: 00382/77/10 00 01 sowie unter www.montenegro.travel.

MITTEL-KROATIEN

Das Rathaus am Trg Kralja Tomislava in Varaždin

Neue Entdeckungen: Barocke Klöster und klassizistische Paläste verleihen der kroatischen Hauptstadt Zagreb den Glanz alt-österreichischer Städte. Nette Ausflugslokale und barocke Städtchen locken ins Umland.

Die Habsburger und die Bedrohung durch das Osmanische Reich drückten der Mitte Kroatiens ihren Stempel auf. Nirgendwo sonst gibt es so viele Burgruinen und mächtige Festungen wie hier. **Zagreb** ist zwar im Kern mittelalterlich, zeigt sich aber im Habsburger Klassizismus und im Gewand sozialistischer und postsozialistischer Moderne. Die **Medvednica** gleich nördlich und die Gebirgszüge des **Zagorje** sind beliebte Ausflugsziele.

Schöne Städte der Umgebung sind **Karlovac** mit seiner Renaissance-Altstadt sowie das barocke **Varaždin**. Großstädtisches Flair schaffen die eleganten Boutiquen und Cafés.

TOUREN IN DER REGION

TOUR 8

DURCHS ZAGORJE NACH VARAŽDIN

ROUTE: Zagreb > Marija Bistrica > Gornja Stubica > Krapina > Trakoščan > Lepoglava > Varaždin

KARTE: Seite 133
LÄNGE: 1 Tag, 160 km
PRAKTISCHE HINWEISE:

- Die Tour ist mit öffentlichen Verkehrsmitteln nicht machbar; ein eigenes oder gemietetes Fahrzeug ist notwendig.
- Die Klosterkirche in Lepoglava ist nur So vormittags zugänglich.

TOUR-START:
Von **Zagreb** 1 > S. 135 führt die Autobahn in Richtung Varaždin. Nach 20 km verlassen Sie diese in Richtung Sesvete und folgen nun der Landstraße bis Marija Bistrica, einem der bedeutendsten Wallfahrtsorte Kroatiens. Die schwarze Madonna in der Wallfahrtskirche wird seit 350 Jahren verehrt, weil sie half, die Türken zu besiegen.

Dann geht es durchs Stubica-Tal nach Westen bis **Gornja Stubica** 3 > S. 143, dem Ausgangspunkt eines der vielen Bauernaufstände des 16. Jhs. In Krapina weiter im Norden kann man die bei Hušnjakovo entdeckten Artefakte des »Krapina-Menschen«, einer vor 30 000 Jahren hier lebenden Neandertaler-Gruppe, im Museum besichtigen (Šetalište Vilibalda Sluge bb, www.mkn.mhz.

hr, Di–So Sommer 9–19, Winter 9 bis 17 Uhr, Eintritt 60 Kn).

Weiter nordwärts durch die Berglandschaft des Zagorje zweigt knapp vor dem Grenzübergang nach Slowenien die Straße nach Trakoščan ab. Das stille Bergland bildet mit seinen dichten Wäldern, mäandernden Flüsschen und malerischen Weinbergen einen herrlichen landschaftlichen Rahmen für das romantische Schloss Trakoščan aus dem 13. Jh. Die neugotischen Zinnen und Türmchen wurden dem Prachtbau aber erst im 19. Jh. aufgesetzt und zugleich der schöne Park angelegt. Wohnräume, Werkstätten und die Waffenkammer lassen die Ära der großen kroatischen Adelsgeschlechter lebendig werden (42254 Trakoščan, www.trakoscan.hr, April–Sept. 9–18, Okt.–März 9 bis 16 Uhr, Eintritt 40 Kn).

Lepoglava ist berüchtigt für sein Gefängnis, in dem schon Tito inhaftiert war. Besuchenswert ist es trotzdem, denn die Klosterkirche Sv. Marija besitzt eine gotische Kapelle mit wunderbaren Fresken.

Das barocke **Varaždin** 8 > S. 144 bildet schließlich den krönenden Abschluss der Tour.

TOUR 9

DURCHS ŽUMBERAK NACH KARLOVAC

ROUTE: Zagreb > Jarun-See > Samobor > Pribić > Krašić > Ozalj > Karlovac

KARTE: Seite 133
LÄNGE: 1 Tag, 102 km
PRAKTISCHER HINWEIS:

- Für die Tour brauchen Sie ein eigenes Kfz sowie eine möglichst genaue Karte, um die kleinen Straßen und Dörfer zu finden.

Samobor ist bekannt für seinen Wein

Karte S. 134

TOUR-START:

Das Žumberak-Gebirge nördlich der Autobahn Zagreb–Karlovac ist eine idyllische, bäuerliche Region mit steilen Hügeln, einsamen Höfen, Weinbergen und Wäldern. Nicht so sehr einzelne Sehenswürdigkeiten, sondern die landschaftliche Schönheit machen diese Tour auf Nebenstraßen interessant. Von Zagreb aus am Jarun-See vorbei geht es nach Westen in den beliebten Wochenend-Ausflugsort **Samobor** 6 > S. 143. Nach einer Pause in einem der Gasthäuser beginnt die Bergtour über die Dörfer Pribić und Krašić nach Ozalj. Der bereits im 13. Jh. erwähnte Ort am Flüsschen

TOUREN DURCH MITTELKROATIEN

TOUR 8

DURCHS ZAGORJE NACH VARAŽDIN

Zagreb > Marija Bistrica > Gornja Stubica > Krapina > Trakošćan > Lepoglava > Varaždin

TOUR 9

DURCHS ŽUMBERAK NACH KARLOVAC

Zagreb > Jarun-See > Samobor > Pribić > Krašić > Ozalj > Karlovac

Kupa wird von einer mächtigen Burg bewacht. Wenn Sie die Tour gemütlich angehen, unterwegs eigene Entdeckungen machen und einkehren, sind Sie in etwa einem halben Tag in **Karlovac** 7 › S. 144, dessen sehenswertes Renaissancezentrum dann zum Bummeln und Einkehren einlädt.

VERKEHRSMITTEL

In Zagreb verkehren Busse und Straßenbahnen sowie eine Standseilbahn (Fahrpläne: www.zet.hr, Einzelfahrkarten beim Fahrer, 15 Kn., 90 Min. gültig), Regionalbusverbindungen bestehen von der Hauptstadt in alle größeren Städte. Für Fahrten abseits der Hauptrouten ist jedoch ein eigenes Fahrzeug von Vorteil.

UNTERWEGS IN MITTELKROATIEN

ZAGREB 1 12 D2

Barocke Klöster und klassizistische Paläste verleihen Zagreb (805 000 Einw.) den Glanz österreichischer Metropolen wie etwa Wien und Graz, das städtische Leben aber orientiert sich eher am mediterranen Rhythmus von Triest oder Split. Zagreb ist eine Stadt, die mit der Sonne auflebt und sich dann von ihrer schönsten Seite zeigt.

GESCHICHTE

Um das 7. Jh. gründeten südslawische Völker eine Siedlung auf einem Hügel, deren Gotteshaus in einem Kirchendokument 1094 erstmals erwähnt wird. Daraus entwickelte sich die Bischofsstadt Kaptol, während auf dem Hügel gegenüber die Handwerkersiedlung Gradec, gefördert durch eine Bulle König Belas IV., zu einem freien und wirtschaftlich blühenden Gemeinwesen heranwuchs.

Nach dem Ende der Türkeneinfälle begann man in Gradec, repräsentativ im Barockstil zu bauen, und 1850 wurden die beiden Städte zu einer neuen Stadt namens Zagreb (deutsch Agram), vereint.

JELAČIĆ-PLATZ UND KAPTOL-VIERTEL

Informationsbörse, Marktplatz und Verkehrsknotenpunkt – all dies ist Zagrebs Hauptplatz im Zentrum, der **Trg bana Jelačića** A. Namensgeber ist der kroatische König Ban Jelačić, der 1848 die bürgerliche Revolution in Ungarn niederschlug – keine Empfehlung für einen sozialistischen Volkshelden, weshalb das Denkmal auch von 1947 bis 1991 in der Versenkung verschwunden war.

Stufen führen hinauf auf den **Dolac** B, eine Terrasse, auf der vormittags Zagrebs größter Markt abgehalten wird. Während hier Obst und Gemüse um die Wette leuchten, locken Fisch und Fleisch in den Hallen unterhalb der Terrasse die Käufer an.

Am **Kaptol-Platz** C schlägt das Herz des kirchlichen Lebens in Zagreb, dessen Zentrum die **Kathedrale Mariä Himmelfahrt** (Marijina Uznesenja) ist. Nach dem Erdbeben

Karte S. 137

Das Dach der St.-Markus-Kirche zeigt die kroatischen Nationalfarben

von 1880 wurde sie mit 105 m hohen Zwillingstürmen im neogotischen Stil bestückt, ihre Fundamente aber reichen bis ins Jahr 1094 zurück. Im Kircheninnern verbinden sich Bauformen der Gotik mit neogotischen Elementen aus der Gründerzeit, darunter die von dem Wiener Architekten Hermann Bollé Ende des 19. Jhs. gestalteten bunten Glasfenster. Barockes Prunkstück ist eine Kanzel von 1696, die von einem Engel getragen wird. Ein Relief des Bildhauers Ivan Meštrović ziert den Sarkophag des 1998 seliggesprochenen Bischofs Alozije Stepinac.

Der Graben zwischen Kaptol und Dolac ist heute kein trennendes, sondern ein verbindendes Element der beiden Stadtteile, in dem ganz besonders abends fröhliches Treiben herrscht. Darüber wacht eine wundertätige Marienstatue im düsteren Durchgang des **Steinernen Tores** (Kamenita vrata) D, des einzigen, das von der Stadtmauer von Gradec übrig geblieben ist.

Vom Dolac zwischen den beiden Hügeln nach Norden führt die **Tkalčićeva-Straße** E. Sie ist von Boutiquen, Cafés und Bars gesäumt und abends erster Treff der Nachtschwärmer.

IN DER OBERSTADT

AM MARKOV TRG F

Mittelpunkt der Oberstadt (Gornji Grad, auch Gradec) ist der Markusplatz mit dem Parlamentsgebäude **Sabor**, dem barocken Banuspalast **Banski Dvor** und der **St.-Markus-Kirche** ★ (Crkva sv. Marka). Das Dach der im frühen 13. Jh. errichteten und später mehrmals umgebauten Kirche ist in den kroatischen Nationalfarben Blau, Weiß und Rot gedeckt und mit zwei Wappen verziert. Der Innenraum zeigt fast un-

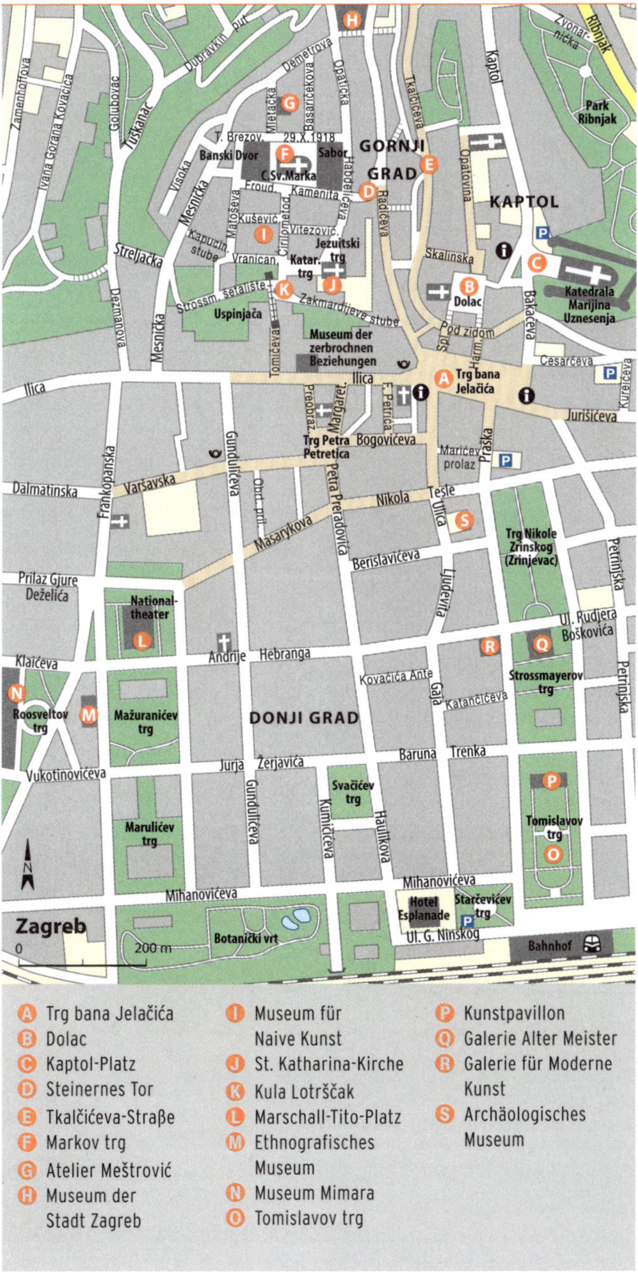

A Trg bana Jelačića
B Dolac
C Kaptol-Platz
D Steinernes Tor
E Tkalčićeva-Straße
F Markov trg
G Atelier Meštrović
H Museum der Stadt Zagreb
I Museum für Naive Kunst
J St. Katharina-Kirche
K Kula Lotrščak
L Marschall-Tito-Platz
M Ethnografisches Museum
N Museum Mimara
O Tomislavov trg
P Kunstpavillon
Q Galerie Alter Meister
R Galerie für Moderne Kunst
S Archäologisches Museum

verfälschte romanische Schlichtheit. Wunderbar ist das spätgotische Portal der Kirche mit reichem plastischem Schmuck.

DIE MUSEUMSMEILE

In den ehemaligen Privaträumen des berühmten kroatischen Bildhauers stellt das **Atelier Meštrović** (Atelje Meštrović) G sehenswerte Werke von Ivan Meštrović › S. 45 aus (Mletačka 8, www.mestrovic.hr, Di–So 10–18, Eintritt 30 Kn).

Ein Besuch im **Museum der Stadt Zagreb** (Muzej grada Zagreba) H ist nicht nur historisch Interessierten zu empfehlen. Von der Hallstatt-Kultur über das mittelalterliche Zagreb und die Erfindung des Füllfederhalters bis hin zur heutigen kroatischen Comicszene dokumentieren zahlreiche Exponate wichtige Ereignisse und Epochen des städtischen Lebens (Opatička 20, www.mgz.hr, Di–Sa 10–19, So 10–14 Uhr, Eintritt 30 Kn).

Naive Kunst in allen Farben und Facetten macht die Ausstellung des **Museums für Naive Kunst** (Hrvatski muzej Naivne Umjetnosti) I zu einem Erlebnis. Präsentiert werden Werke der Künstler aus Hlebine › S. 45, › S. 145 neben Arbeiten anderer namhafter kroatischer Naiver (Ćirilometodska 3, www.hmnu.org, Mo–Sa 10–18, Sa, So 10–13 Uhr, Eintritt 20 Kn).

AM KATARININ TRG

Die **St. Katharina-Kirche** (Sv. Katarina) J am Katharinenplatz wartet mit einer Barockorgie in Weiß und Rosé auf: Ihr Innenraum (1720) ist ein spätbarockes Schmuckstück mit Stuckarbeiten des Italieners Antonio Quadrio. Eine Statue des Ignatius von Loyola aus der Hand von Francesco Robba (1730) ziert die Ignatius-Kapelle.

Auf dem Weg in die Unterstadt, ist der Turm **Kula Lotrščak** K neben dem Steinernen Tor einer der

Gründerzeitkulisse am großzügig angelegten Tomislav-Platz

wenigen Überreste der alten Stadtbefestigung. Man kann ihn besteigen und von oben das Panorama genießen (Mo–Fr 9–21, Sa, So 10 bis 21 Uhr, Eintritt 20 Kn).

Von hier führt die Zahnradbahn **Uspinjača** (www.zet.hr, tgl. 6.30 bis 22 Uhr, Fahrt 5 Kn) in die Unterstadt zur Einkaufsstraße Ilica.

IN DER UNTERSTADT

Die Unterstadt (Donji Grad), die sich am Rande der beiden Hügel Kaptol und Gradec auf rechtwinkligem Grundriss ausbreitet, wird von einer begrünten Anlage dominiert. Das sog. **Grüne Hufeisen** ★ entstand ab 1874 nach Entwürfen des Architekten Milan Lenuci.

WESTLICHE LÄNGSACHSE

Am **Marschall-Tito-Platz** (Trg Maršala Tita) L ist die architektonische Welt in Ordnung: Neobarock geprägt ist die Fassade des **Nationaltheaters,** das 1894/95 nach Entwürfen der Wiener Architekten Helmer und Fellner erbaut wurde.

Der im Süden anschließende Mažuranićev trg wird von der Kuppel des 1903 im Stil der Wiener Sezession errichteten **Ethnografischen Museums** (Etnografski Muzej) M beherrscht. Besonders sehenswert ist hier die Ausstellung kroatischer Trachten, interessant sind auch die Musikinstrumente (www.emz.hr, Di–Do 10–18, Fr–So 10–13 Uhr, Eintritt 15 Kn).

Das **Museum Mimara** N beherbergt hinter seiner prächtigen Gründerzeitfassade eine vielseitige Kunst- und Kunstgewerbesammlung des Malers Ante Topić Mimara (Rooseveltov trg 5, www.mimara.hr, Okt. bis Juni Di, Mi, Fr, Sa 10–17, Do 10–19, So 10–14 , Juli–Sept. Di–Fr 10–19, Sa 10–17, So 10–14 Uhr, Eintritt 40 Kn).

QUERACHSE

An Flora Interessierte werden vom **Botanischen Garten** (Botanički vrt) eher enttäuscht sein, da er nicht mit einer exotischen Pflanzenvielfalt aufwartet; wer jedoch im ruhigen Grün Entspannung sucht, sitzt oder liegt hier richtig (Marulićev trg 9a, Mi–So 9–17/19 je nach Saison, Mo, Di 9–14.30 Uhr, Eintritt frei).

In cremefarbenem Neoklassizismus präsentiert sich weiter östlich das 1925 errichtete Hotel Esplanade › S. 140 (Mihanovićeva 1). Den ästhetischen Höhepunkt der u-förmigen Gesamtanlage bildet der mit akkurat gestutzten Hecken und bunten Blumenbeeten gestaltete **Tomislavov trg** O. Auf dem Platz steht das Reiterdenkmal König Tomislavs, der im 10. Jh. über die Kroaten herrschte und nun die Reisenden begrüßt, die den neoklassizistischen **Bahnhof** von 1892 verlassen.

ÖSTLICHE LÄNGSACHSE

Der von Helmer und Fellner 1896 erbaute, elegante **Kunstpavillon** (Umjetnički paviljon) P begrenzt den Tomislavov trg nach Norden. Üppiger Stuck und Marmor im Inneren bilden den Rahmen für wechselnde Kunstausstellungen. Das **Denkmal** vor dem Pavillon zeigt den Renaissancedichter Andrija Medulić und ist ein Werk von Ivan Meštrović.

Am **Strossmayerov trg** hat sich alte und moderne Kunst niedergelassen. Von Ivan Meštrović porträtiert, sitzt Bischof Juraj Strossmayer vor der 1866 gegründeten **Akademie der Künste und Wissenschaften.** Ein Teil des Gründerzeitpalastes beherbergt heute die **Galerie Alter Meister** (Galerija starih majstora) Q, in deren Besitz sich u.a. Werke von El Greco, Tintoretto und P. Brueghel befinden (Zrinski trg 11, Di 10–19, Mi–Fr 10–16, Sa, So 10 bis 13 Uhr, Eintritt 30 Kn). Gegenüber zeigt die **Galerie für Moderne Kunst** (Moderna Galerija) R kroatische Kunst ab 1850 (Andrije Hebranga 1, www.moderna-galerija.hr, Di–Fr 11–19, Sa, So 11–14 Uhr, Eintritt 40 Kn). **Zrinjevac** nennen die Zagreber den Trg Nikole Zrinskog, der das Hufeisen im Nordosten abschließt.

Zum Fundus des **Archäologischen Museums** (Arheološki muzej) S zählen Exponate zur Frühgeschichte Kroatiens, aber auch ägyptische Mumien (Trg Nikole Šubića Zrinskog 19, www.amz.hr, Di/Mi, Fr/Sa 10–18, Do 10–20, So 10–13 Uhr, Eintritt 30 Kn).

INFO

Tourist Informazion Center

- Trg bana Jelačića 11 | 10000 Zagreb
  Tel. 01/4 81 40 51 und 4 81 40 52
  www.infozagreb.hr

VERKEHR

Flughafen Zagreb-Pleso

Innerkroatische Verbindungen nach Pula, Rijeka, Brač, Split, Zadar, Dubrovnik; Flüge nach Frankfurt/M., München, Wien, Zürich. Ein Taxi vom Flughafen ins Zentrum kostet 200–300 Kn, der halbstündliche Flughafenbus 35 Kn.

- Ulica Rudolfa Fizira 1 | 10150 Zagreb, 17 km südöstlich des Zentrums
  Tel. 01/4 56 22 22
  www.zagreb-airport.hr

Hauptbahnhof Glavni kolodvor

Züge nach Rijeka, Split, München, Wien.

- Tomislavov trg 12 | Zagreb
  Info Tel. 060/33 34 44 (Sondertarif)
  www.hzpp.hr

Busbahnhof Avtobusni kolodvor

Gute Verbindungen in alle Landesteile.

- Ecke Branimirova und Držićeva | Zagreb
  Tel. 01/6 47 11 00 | www.akz.hr

HOTELS

Esplanade €€€

Das klassizistische Prunkstück strahlt in nostalgischem Glanz und bietet in den über 200 Zimmern hohen Komfort, dazu zwei elegante Restaurants sowie eine Bar & Lounge.

- Mihanovićeva 1 | Zagreb
  Tel. 01/4 56 66 66 | www.esplanade.hr

Palace €€€

Stilvolles Haus aus der Wende vom 19. zum 20. Jh., mit gut 120 Zimmern, Restaurant und Café mit Terrasse.

- Strossmayerov trg 10 | Zagreb
  Tel. 01/4 89 96 00 | www.palace.hr

Jaegerhorn €€

Die ehemalige Pension hat sich ein schickes neues Outfit verordnet. Ruhige und doch zentrale Lage.

- Ilica 14 | Zagreb
  Tel. 01/4 83 38 77
  www.hotel-jagerhorn.hr

Entspannte Besichtigungspause zwischen antiken Heroen im Archäologischen Museum

Hostel Swanky Mint €
Doppel- und Mehrbettzimmer, lässig.
- Ilica 50 | Zagreb | Tel. 01/4 00 42 48
www.swanky-hostel.com

RESTAURANTS

Kaptolska klet €€
Hier werden hervorragende kroatische Grillgerichte serviert. Hübscher Innenhof.
- Kaptol 5 | Zagreb
Tel. 01/4 87 65 02 | www.kaptolska-klet.eu

Okrugljak €€
Beliebtes Ausflugslokal an der Medvednica; die Forelle vom Grill mundet köstlich.
- Mlinovi 28 | Zagreb
Tel. 01/4 67 41 12 | www.okrugljak.hr

Pri Zvoncu €€
Regionale Fleischküche in großen Portionen. Urgemütliche, ländliche Atmosphäre.
- Vrbik XIII | Zagreb | Tel. 01/6 19 84 73
www.prizvoncu.com

Vallis Aurea €€
Das Gasthaus serviert gute slawonische Hausmannskost, z. B. topfengefüllte *štrukli.*
- Tomićeva 4 | Zagreb
Tel. 01/4 83 13 05 | www.vallis-aurea.hr

Bistro Lauba €
Berühmt für seine hausgebackenen Brote mit Walnuss oder Chili, dazu Patés.
- Prilaz baruna Filipovića 23a | Zagreb
Tel. 01/6 30 21 40 | www.lauba.hr/bistro

Bistro MZ €
Mit originaler und ausgezeichneter serbischer Küche, z. B. toll gewürzten Čevapčići.
- Antuna Augustinčića 8 | Zagreb
Tel. 01/2 31 91 79 | www.labus.hr

SHOPPING

Galerija Kaptol
Zeitgenössische naive Kunst.
- Kaptol 13 | Zagreb | Tel. 01/4 81 48 16
www.galerijakaptol.hr

NACHTLEBEN IN ZAGREB

Die Bacchus Jazz Bar ist schon viele Jahre Treffpunkt für Jazz-Fans

Ein typischer Ausgehabend beginnt mit einem Bummel durch die beliebte **Tkalčićeva** oder **Bogovićeva ulica,** wo Straßencafés einander den Platz auf dem Trottoir streitig machen. Meist treffen die Zagreber hier ihre Freunde, mit denen sie dann durch die Klubs ziehen – die öffnen ihre Pforten nicht vor 22 Uhr und füllen sich ab Mitternacht.

- **Klub Kino Grič**
  Die Loungebar des Kino Grič ist ein farbenfroher, junger Treff in der Zagreber Bar-Landschaft; an den Wochenenden verwandelt sie sich in einen angesagten Klub.
  Jurišićeva 6 | Tel. 01/4 83 49 00
  www.facebook.com/artkinogric
- **Hemingway Bar**
  In der Hemingway Bar verkehren angeblich die schönsten Mädchen Zagrebs. Hier gibt es sicherlich die besten Mojitos.
  Tuškanac 1 | Tel. 01/4 83 49 58
  www.hemingway.hr
- **Aquarius**
  Nach wie vor erste Wahl – von Techno und Hip-Hop bis Funk und Salsa wird für jeden etwas geboten.
  Alea Matije Ljubeka | Tel. 01/3 64 02 31
  www.aquarius.hr
- **Močvara**
  In einer ehemaligen Fabrik wurde Zagrebs wichtigstes alternatives Klub- und Kulturzentrum wiedereröffnet.
  Trnjanski nasip bb | Tel. 01/6 15 96 68
  www.mochvara.hr
- **Mojo Bar**
  Backsteinwände, Schwarz-Weiß-Fotos und eine Riesenauswahl an Wein und *rakija* für den Einstieg ins Nachtleben. Manchmal Livemusik.
  Martićeva 5 | Mobil-Tel. 091/722 37 34
  www.facebook.com/MojoBarZg
- **Bacchus Jazz Bar**
  Die beste Adresse für Jazz und Blues.
  Trg kralja Tomislava 16
  Mobil-Tel. 098/32 28 04
  www.facebook.com/bacchusjazzbar

AUSFLÜGE VON ZAGREB

MEDVEDGRAD 2 D1

An Wochenenden ziehen die Zagreber auf den Stadtberg **Medvednica** (1035 m) mit der Festung Medvedgrad. In ihr ist eine pompöse Gedenkstätte als Symbol der kroatischen Unabhängigkeit eingerichtet.

GORNJA STUBICA 3 D1

Der Ort besitzt eine angeblich über 400 Jahre alte Linde, unter deren Krone Matija Gubec das Signal für den Bauernaufstand 1573 gegeben haben soll. Im Barockschloss Orsić erinnert ein **Museum** (Muzej seljačkih buna) an die Aufstände (Samci 64, 49245 Gornja Stubica, www.msb.mhz.hr, Sommer tgl. 9–19, Winter Di–So 9–17 Uhr, Eintritt 25 Kn).

KUMROVEC 4 C1

Das Dörfchen ist in zweifacher Hinsicht einen Ausflug wert: Es hat einen sehr prominenten Sohn, Josip Broz, besser bekannt unter seinem Partisanennamen Tito. Und weil Tito 1892 in Kumrovec geboren wurde, hat man sein Haus unter Denkmalschutz gestellt und drumherum ein Museumsdorf errichtet. Hier kann man die Bauernarchitektur des Zagorje studieren. Die Bauernhäuser sind in warmen Pastellfarben gestrichen, ihre Dächer mit Schindeln oder Stroh gedeckt. Im Inneren kann man die Werkstatt eines Webers und eines Schnitzers besichtigen, in einem Haus ist sogar eine komplette Hochzeitsgesellschaft zu bewundern. Der Mittelpunkt ist jedoch **Titos Geburtshaus** (Muzej staroselo), das sein Leben dokumentiert (49295 Kumrovec, Tel. 049/22 58 03, www.mdc.hr, April–Sept. tgl. 9–19, Nov.–Feb. tgl. 9–16, März, Okt. Mo–Fr 9–16, Sa, So 9–18 Uhr, Eintritt 25 Kn).

VELIKI TABOR 5 ★ C1

Die Burg zählt zu den eindrucksvollsten Festungsanlagen Kroatiens. Im 12. Jh. von den slowenischen Grafen von Cilli gegründet, wurde sie im 16. Jh. im Renaissancestil umgebaut. Unter den Arkaden des Innenhofes kann man ein Sammelsurium von Waffen und Hausrat aus dem Mittelalter besichtigen (Košnički Hum 1, 49216 Desinić, Tel. 049/37 49 70, www.veliki-tabor.hr, Sommer Mo–Fr 9–17, Sa, So 9–19, Nov.–Feb. Mi–So 9–17, März, Okt. Mo–Fr 9–16, Sa, So 9–17 Uhr, Eintritt 25 Kn).

RESTAURANT

Grešna Gorica €€

Etwa 1 km östlich von Veliki Tabor liegt die so urige wie beliebte Ausflugsgaststätte. Sie offeriert in rustikalem Ambiente und auf der schönen Terrasse mit Burgblick Spezialitäten aus dem Zagorje, darunter Puter mit *mlinzi*, Rehgulasch und *štrukli*.

- 49216 Desinić | Tel. 049/34 30 01
  www.facebook.com/gresnagorica

SAMOBOR 6 C2

Nach Samobor geht es im Herbst zum Heurigen. Das Städtchen ist umgeben von Weinbergen und liegt am Fuß der Žumbarek-Berge, in denen die Zagreber am Wochenende gerne wandern.

Nach der Weinlese öffnen Winzer und Bauern ihre Häuser zur Verkostung des jungen Tropfens (Heurigen); sehr oft werden dazu Schmalzbrote, Bauernwürste oder Schinken gereicht.

RESTAURANT

Gabreku 1929 €€

Rustikale Landküche vom Feinsten mit Pilzgerichten zum Schwärmen und der Spezialität Kalbsbraten in unterschiedlichen Variationen. Zum Nachtisch: Palatschinken.

• Starogradska Ulica 46 | 10430 Samobor
Tel. 01/336 07 22 | www.gabrek.hr

KARLOVAC 7 C2

Wenn auch die moderne Peripherie der Stadt auf den ersten Blick enttäuscht, ist das 54 km von Zagreb entfernte Karlovac (55 000 Einw., www.karlovac-touristinfo.hr) eine durchaus sehenswerte Stadt mit einem eigenwilligen Grundriss: 1579 wurde es auf Initiative des Erzherzogs Karl II. als Neugründung im Geiste der Renaissance geplant und Karlsburg genannt. Er ließ Karlovac als einen von Wassergräben umgebenen, sechszackigen Stern mit geradlinigem Straßenraster um einen rechteckigen Platz anlegen. Noch heute prägt dieser Stern den Grundriss der **Innenstadt;** die einstigen Wassergräben aber sind vor langer Zeit Parkanlagen gewichen. Karlovac ist ein angenehmer Zwischenstopp auf der langen Fahrt vom Landesinneren an die Küste. Nach dem Bummel durch die ehemalige Wehranlage, deren geometrisch angelegte Achsen heute von Häusern aus dem 18. und 19. Jh. gesäumt sind, kann man in einer Snack Bar einen Imbiss einnehmen. › mehr S. 13 Punkt 10

Der Hauptplatz in Karlovac

VARAŽDIN 8 D1

Die schmucke Barockstadt an der Drau (Drava) hatte ihre Blütezeit im 17./18. Jh., als sie als Bollwerk gegen die Osmanen ausgebaut wurde. An der Hauptverbindungsstraße des Königreichs Ungarn zur Adria gelegen, profitierte sie vom Handel und lockte viele Adelsfamilien in ihre Mauern. 1765–1776 war sie sogar kroatische Hauptstadt, bis ein Stadtbrand die kurze Ära beendete. Heute umgibt Varaždin (45 000 Einw.) ein geruhsames Flair, zu dem auch die vielen Radfahrer beitragen.

DIE ALTSTADT

Am Trg Slobode ist mit **Sv. Nikola** eine der wenigen gotischen Kirchen erhalten, im Inneren wurde sie allerdings barockisiert. Interessant ist das Fresko hinter dem Altar mit der Ansicht Varaždins im 18. Jh. 1873 errichtete der Architekt Hermann Helmer das klassizistische **Theater.**

Die Gundulićeva führt, gesäumt von barocken Kaufmannshäusern, zum Franjevački trg mit der prunkvollen barocken Franziskanerkirche **Sv. Ivana Kristelja.** Ein paar Schritte in die Pavlinska ulica steht ein weiterer barocker Sakralbau, die **Kathedrale Mariä Himmelfahrt** (Katedrala Uznesenja Blažene Djevice Marije). Richtig gemütlich wirkt der Platz **Trg Kralja Tomislava** mit seinen niedrigen, teils mit Barockarkaden geschmückten Häusern und dem 1573 erbauten Rathaus. Jeden Samstag um 11 Uhr findet vor dem Rathaus eine feierliche Wachablösung in historischen Uniformen statt.

DIE BURG STARI GRAD

Seit dem 12. Jh. bewacht Stari Grad die Kreuzung der alten Handelsstraßen Budapest–Zagreb und Graz–Belgrad. Die ältesten erhaltenen Bauteile sind die im 14. Jh. erbauten Rundtürme; im 16. Jh. verstärkte der Festungsbaumeister Domenico dall'Allio die Bastion gegen die Türkengefahr. Als diese gebannt war, diente Stari Grad der Adelsfamilie der Erdödy als Stammschloss. Heute residiert hier das **Stadtmuseum** (Gradski muzej) mit historischen Exponaten (Strossmayerovo šetalište 7, www.gmv.hr, Di–Fr 9–17, Sa, So 9–13 Uhr, Eintritt 25 Kn).

Ein musikalischer Genuss ist das Barockfestival Varaždinski barokni večeri in den letzten beiden Septemberwochen.

INFO

Tourismusverband

- Ivana Padovca 3 | 42000 Varaždin
  Tel. 042/21 09 87
  www.tourism-varazdin.hr

HOTEL

Varaždin €

Freundliches Hotel im Herzen der Altstadt.

- Kolodvorska 19 | Varaždin
  Tel. 042/29 07 20
  http://hotelvarazdin.com

RESTAURANT

Verglec €

Das Restaurant in der Altstadt hat sich der lokalen Küche verschrieben. Es gibt Wild, Geflügel und *mlinci.*

- Kranjčevićeva 12 | Varaždin
  Tel. 042/21 11 31

AUSFLUG NACH HLEBINE 9 E1

Das 61 km südöstlich gelegene Dorf gilt als Wiege der berühmten kroatischen Naiven Malerei. Ivan Generalić, ein Gründer der »Schule von Hlebine« › S. 45, stammt von hier. Hlebine hat sich mittlerweile vom Bauern- zum Künstlerdorf gewandelt, die **Galerija Hlebine** stellt hier die Werke der Begabtesten aus (Trg. I. Generalića 15, Di–Fr 10–18, Sa bis 14 Uhr, Eintritt 10 Kn).

EXTRA-TOUREN

Am Ausgang der Cetina-Schlucht
liegt das Städtchen Omiš

TOUR 10

ZWEI WOCHEN IM ZEICHEN VON ZIEGE, LÖWE UND ADLER

VERLAUF: Rijeka > Opatija > Lovran > Brestova (Fähre) > Insel Cres > Insel Lošinj > Insel Krk > Insel Rab > Insel Pag > Zadar > Nationalpark Paklenica > Nationalpark Plitwitzer Seen > Karlobag > Senj > Rijeka

KARTE: Klappe hinten

DISTANZEN: **Rijeka** > **Opatija** > **Lovran** > **Brestova** 45 km/1 Std. mit dem Auto; **Brestova** > **Porozina/Insel Cres** 20 Min. Fähre; **Porozina** > **Cres-Stadt** > **Osor** > **Mali Lošinj** 79 km/1 ½ Std.; **Mali Lošinj** > **Merag** 68 km/1 Std.; **Merag** > **Valbiska/Insel Krk** 30 Min. Fähre; **Valbiska** > **Krk-Stadt** 12 km/15 Min.; **Krk-Stadt** > **Valbiska** 12 km/15 Min.; **Valbiska** > **Lopar/Insel Rab** 1 ½ Std. Fähre; **Lopar** > **Mišnjak** 22 km/30 Min.; **Mišnjak** > **Stinica/Festland** 10 Min. Fähre; **Stinica** > **Prizna** 15 km/10 Min.; **Prizna** > **Žigljen/Insel Pag** 15 Min. Fähre; **Žigljen** > **Pag-Stadt** 35 km/40 Min.; **Pag-Stadt** > **Zadar** 70 km/1 Std.; **Zadar** > **Starigrad/ NP Paklenica** 46 km/40 Min.; **Starigrad** > **Nationalpark Plitwitzer Seen** 115 km/1 ½ Std.; **Nationalpark Plitwitzer Seen** > **Karlobag** 101 km/1 ½ Std.; **Karlobag** > **Senj** 64 km/1 Std.; **Senj** > **Rijeka** 67 km/75 Min.

VERKEHRSMITTEL: Die Tour unternehmen Sie am besten mit dem eigenen Fahrzeug; öffentliche Verkehrsmittel verkehren selten und nicht auf allen Teilstrecken. Für die Überfahrten mit Autofähren der Jadrolinija sollten Sie in der Hochsaison zeitig vor Abfahrt an der Ablegestelle sein, evtl. ist mit längeren Wartezeiten zu rechnen (Fährlinien- und Fahrpläne unter www.jadrolinija.hr).

Die ersten zwei Tage dieser Tour genießen Sie die nostalgische k.-u.-k.-Riviera mit der lebhaften Hafenstadt **Rijeka** > S. 66 und den historischen Kurorten **Opatija** > S. 64 und **Lovran** > S. 66, deren klassizistische Villen und Kurhäuser heute luxuriös saniert stilvolle Unterkunft bieten. Wanderfreunde können von Lovran aus in ca. 3–4 Std. den Gipfel des **Vojak** (1396 m) im nahen Naturpark Učka erklimmen.

Dann geht es zum Inselhüpfen zum Hafen Brestova, eine Fähre bringt Sie auf die **Insel Cres** > S. 69. Das karge Eiland hat eine reizvolle Inselhauptstadt, einsame Strandbuchten wie die unterhalb von Lubenice, kleine Hafenörtchen wie Valun und die romantische, nahezu verlassene Renaissancestadt Osor, in der der venezianische Löwe die Jahrhunderte währende Herrschaft der Serenissima über die kroatische Küste und Inseln dokumentiert.

Rijeka – Hafenstadt mit Flair

Eine Brücke führt auf die Nachbarinsel **Lošinj** > S. 70, mit dichter Vegetation, Kiefernwäldern und verschwiegenen Badebuchten. Eine Übernachtung sollte man mindestens einplanen, bevor man auf gleichem Weg nach Cres zurück und dort zum Fährhafen Merag fährt.

Krk > S. 71, die Insel mit dem unaussprechlichen Namen, ist ein Strandparadies und verdient mindestens zwei Tage Aufenthalt: Ob bei Malinska, Punat, Stara Baška oder am flachen Kiesstrand von Baška – überall finden Sie angenehme Bademöglichkeiten. Fürs kulturelle Erlebnis sorgt die lebhafte und mit architektonischen Schätzen nicht geizende Inselhauptstadt Krk.

Von Valbiska tuckert die Fähre hinüber nach Lopar auf **Rab** > S. 74. Hier, wo angeblich die FKK-Kultur erfunden wurde, gibt es richtige Sandstrände. Rab-Stadt ist eine Inselmetropole mit romantischem Flair, in der Sie gut und gerne zwei Nächte verweilen und in urigen Konobas die herzhaften Inselspezialitäten verkosten können.

Die Insel **Pag** > S. 81 südlich von Rab ist mit dem Auto nur auf einem Umweg übers Festland erreichbar. Inselspezialitäten sind aromatischer Käse und feinste Spitze. Pags Partystrand Zrće bei Novalja gilt im Sommer als einer der heißesten Szenetreffs. Wenn Sie mitfeiern wollen, sollten Sie mindestens zwei Tage bleiben!

Zurück auf dem Festland verdienen Kirchen, Klöster und die Altstadt von **Zadar** > S. 84 einen zweitägigen Stopp, bevor Sie den Freeclimbern an den Felswänden des **Paklenica-Nationalparks** › S. 84 zuschauen. Zum nächsten Ziel, dem **Nationalpark Plitwitzer Seen** › S. 82, geht es ein Stück landeinwärts. Zwei Tage können Sie hier wandernd, bootfahrend oder einfach die kühle Waldluft und die Farbenspiele von Seen und Wasserfällen genießend verbringen, bevor es nach **Karlobag** und an die Küste zurückgeht. Am Nationalpark Nordvelebit und der Festung von **Senj** › S. 68 fahren Sie nun auf der Küstenstraße nach Norden. Wenn noch Zeit ist, können Sie sich einen Tag am Strand von **Novi Vinodolski** › S. 68 oder **Crikvenica** › S. 67 erholen. Dann ist der Ausgangspunkt erreicht, die Hafenstadt **Rijeka**.

TOUR 11

DIE HÖHEPUNKTE DALMATIENS IN EINEINHALB WOCHEN

VERLAUF: Zadar › Šibenik › Krka-Nationalpark › Trogir › Kaštelanska Riviera › Split › Omiš › Makarska Riviera › Neretva-Delta › Halbinsel Pelješac › Insel Korčula › Dubrovnik › (optional) Zadar

KARTE: Klappe hinten
DISTANZEN: **Zadar** › **Šibenik** 76 km/1 Std. 15 Min.; **Šibenik** › **Krka-Nationalpark** zu Fuß und per Boot; **Šibenik** › **Trogir** 55 km/1 Std.; **Trogir** › **Kaštelanska Riviera** › **Split** 31 km/1 ½ Std.; **Split** › **Omiš** 27 km/30 Min.; **Abstecher Cetina-Schlucht** 2 Std.; **Omiš** › **Makarska Riviera** 33 km/40 Min.; **Makarska** › **Metković/Neretva-Delta** 81 km/1½ Std.; **Neretva-Delta** › **Ston/Halbinsel Pelješac** 37 km/40 Min.; **Ston** › **Orebić** 33 km/40 Min.; **Orebić** › **Korčula** 10 Min., Fähre; **Korčula** › **Blato** › **Vela Luka** › **Lumbarda** › **Korčula** 100 km/2 Std.; **Korčula** › **Orebić** 10 Min., Fähre; **Orebić** › **Ston** 33 km/40 Min.; **Ston** › **Dubrovnik** 31 km/40 Min.; optional: **Dubrovnik** › **Zadar** 400 km/4 Std.
VERKEHRSMITTEL: Da Netz und Fahrpläne der öffentlichen Verkehrsmittel sehr dünn sind, wählt man am besten einen Mietwagen (ab Zadar, an Dubrovnik, dann Rückflug). Mit dem eigenen Fahrzeug kommen 400 km Rückfahrt auf der Küstenstraße dazu. Fährüberfahrt mit der Jadrolinija (Fahrpläne: www.jadrolinija.hr).

Nehmen Sie sich für die Route von **Zadar** › S. 84 nach Šibenik Zeit für die immer neuen Ausblicke: Inseln und Felsrücken dümpeln in der türkisblauen Adria, manche mit Macchia und einigen Bäumen bewachsen, andere völlig kahl. Das **Kornaten-Archipel** › S. 91 ist Nationalpark und ein Traumrevier für Freizeitkapitäne und Taucher.

Šibenik › S. 92 zählt zum UNESCO-Kulturerbe, in der historischen Stadt sollte man zwei Übernachtungen einplanen. Der erste Tag gehört den Architektur- und Kunstschätzen wie der prunkvollen Renaissancekathedrale des hl. Jakob, der zweite dem Naturerlebnis: Im nahen **Krka-Nationalpark** › S. 93 kann man Seen und Wasserfälle schön per pedes und Boot erkunden.

Auch **Trogir** › S. 94, der nächste Halt an der Adria-Magistrale und ebenfalls UNESCO-geadelt, besitzt eine imposante Kathedrale, deren gotisches Portal als Meisterwerk der Steinmetzkunst gilt. Dann führt die Tour an der Kaštela-Bucht entlang in Richtung Split, vorbei an kleinen Orten, die um wehrhafte Kastelle entstanden sind. Diese **Kaštelanska Riviera** › S. 101 war um die Wende vom 19. zum 20. Jh. ein mondänes Badeziel der mitteleuropäischen Hautevolee.

Split › S. 96, dessen Altstadt sich ebenfalls im UNESCO-Weltkulturerbe einreiht, ist lebendige römische Geschichte, mittelalterliche Handelsstadt und moderne Hafenmetropole – Grund genug, hier zwei Tage einzuplanen. Bummeln Sie durch den Diokletian-Palast, gehen Sie shoppen auf dem Wochenmarkt, genießen Sie raffinierte mediterrane Küche und das schicke Nachtleben einer Großstadt!

Das romantische Städtchen **Omiš** › S. 111 schmiegt sich zwischen Fels und Meer an die Mündung des Flusses Cetina. Viele Besucher unternehmen eine Raftingtour durch die Cetina-Schlucht › S. 112.

Bootstouren führen durch das Neretva-Delta, Anbaugebiet von Obst und Gemüse

In den Salinen bei Ston wird seit mehr als 2000 Jahren Salz gewonnen

Wenn noch Zeit ist, können Sie am gleichen Tag nach **Makarska** › S. 113 weiterfahren und in einem der komfortablen Strandhotels absteigen. Die Riviera hier ist dank des milden Klimas und der flachen Kiesstrände eine beliebte Ferienregion.

Am folgenden Tag fahren Sie durch das fruchtbare **Neretva-Delta** › S. 117 und über **Ston** › S. 117 auf die Wein-Halbinsel **Pelješac** › S. 117 und setzen von Orebić › S. 118 nach **Korčula** › S. 119 über. Auf der hübschen, üppig bewaldeten Insel mit stillen Buchten und wehrhaften Städtchen sollte man mindestens eine Nacht verbringen. Auf gleichem Weg geht es über Pelješac zurück und auf der Magistrale nach Süden.

Finaler Höhepunkt ist **Dubrovnik** › S. 122, die UNESCO-Perle der Adria. Architektur, Kunst, Lifestyle, Baden und Feiern – alles ist in den historischen Mauern und im Badevorort Babin Kuk geboten.

Wer mit dem eigenen Fahrzeug reist, fährt zum Abschluss über die E 65 (bis Ploce) und die Autobahn A1 in einem Rutsch in rund 4 Stunden zum Startpunkt der Tour, Zadar. Wer davor noch einen Abstecher an die montenegrinische Bucht von **Kotor** › S. 130 unternehmen möchte, sollte zwei weitere Reisetage einplanen.

Die Adria-Magistrale gilt als eine der Traumstraßen Europas, allerdings auch als unfallgefährlich. Eine sehr defensive Fahrweise ist ratsam, bei nassem Belag besteht erhebliche Schleudergefahr, und wenn der Fallwind Bora stürmt, sollten zumindest Motorradfahrer, möglichst aber auch andere Verkehrsteilnehmer, auf die Fahrt verzichten.

INFOS VON A–Z

ÄRZTLICHE VERSORGUNG

Die medizinische Versorgung in Kroatien entspricht mitteleuropäischem Standard. Städte verfügen in der Regel über ein Krankenhaus *(bolnica)*, kleinere Ortschaften zumindest über eine ambulante Erstversorgung. Apotheken *(apoteka)* sind meist von 7–19 Uhr geöffnet. Bei der Suche nach einem Arzt *(doktor)* helfen Hotelmitarbeiter oder die Wirtsleute. Der Abschluss einer Auslandsversicherung, die zumindest einen medizinisch notwendigen Rücktransport abdeckt, ist empfehlenswert.

BARRIEREFREIES REISEN

Reisende mit Handicaps finden in vielen Hotelanlagen behindertengerechte Einrichtungen; das vom Fremdenverkehrsamt herausgegebene Hotelverzeichnis weist auf diese Häuser hin. Allerdings schränken felsige und steinige Strände den Meereszugang oft ein.

DIPLOMATISCHE VERTRETUNGEN

- **Deutsche Botschaft**
  Ulica grada Vukovara 64,
  10000 Zagreb,
  Tel. 01/6 30 01 00
  www.zagreb.diplo.de
- **Österreichische Botschaft**
  Radnička c. 80, 10000 Zagreb,
  Tel. 01/4 88 10 50
  www.aussenministerium.at/agram
- **Schweizerische Botschaft**
  Augusta Cesarca 10, 10000 Zagreb,
  Tel. 01/4 87 88 00
  www.eda.admin.ch/zagreb

EINREISE

Reisende aus Deutschland, Österreich und der Schweiz benötigen bei einem Aufenthalt von bis zu drei Monaten einen noch mindestens 30 Tage gültigen Personalausweis bzw. Identitätskarte. Auch Kinder benötigen ein eigenes Ausweisdokument (Personalausweis oder bis 12 Jahren Kinderreisepass).

Für Autofahrer sind Führerschein und Fahrzeugschein obligatorisch. Die Mitnahme der Internationalen Grünen Versicherungskarte wird empfohlen, sie erleichtert bei Unfällen die Abwicklung.

ELEKTRIZITÄT

Die Netzspannung beträgt 220 Volt (50 Hertz Wechselstrom). Adapter sind nicht notwendig.

FEIERTAGE

- 1. Januar (Neujahr)
- 6. Januar (Hl. Drei Könige)
- Ostermontag
- 1. Mai (Tag der Arbeit)
- Fronleichnam
- 22. Juni (Jahrestag des antifaschistischen Kampfes)
- 25. Juni (Staatsfeiertag)
- 5. August (Tag des Sieges)
- 15. August (Mariä Himmelfahrt)
- 8. Oktober (Unabhängigkeitstag)
- 1. November (Allerheiligen)
- 25./26. Dezember (Weihnachten).

GELD UND WÄHRUNG

Offizielle kroatische Währung ist die Kuna (HRK). Eine Kuna unterteilt sich in 100 Lipa (Lp). Diese Münzen sind im Wert von 10, 20 und 50 Lipa sowie von 1, 2 und 5 Kuna im Umlauf. Banknoten gibt es im Wert von 5, 10, 20, 50, 100, 200, 500 und 1000 Kuna.

Bei der Ein- und Ausreise darf man ausländische Zahlungsmittel in beliebiger Höhe mitnehmen, muss aber Geld ab dem Gegenwert von 10 000 € dem Zoll melden. Der Umtausch vor Ort ist meist günstiger als im Heimatland. **Wechselkurse** (Stand:

Nov. 2018): 1 € = 7,4 Kuna, 1 CHF = 6,49 Kuna, 10 Kuna = 1,34 €, 10 Kuna = 1,54 CHF.

Vielerorts kann man auch problemlos mit Euro bezahlen, vieles ist in Euro ausgepreist. Die meisten Hotels, Geschäfte etc. akzeptieren gängige Kreditkarten. In den Städten erhält man mit der Bankkarte (Maestro) Bargeld an Geldautomaten. Vom Urlaub übriggebliebene Kuna lassen sich am Heimatort umtauschen.

HAUSTIERE

Für Hunde und Katzen muss ein EU-Heimtierausweis mit tierärztlichem Gesundheitszeugnis vorgelegt werden, das maximal vier Monate alt sein darf.

INFORMATION

Kroatische Zentrale für Tourismus

- Stephanstr. 13, 60311 **Frankfurt/M.**, Tel. 069/2 38 53 50 http://de.croatia.hr
- Hesseloherstr. 9, 80802 **München** Tel. 089/22 33 44 http://de.croatia.hr
- Liechtensteinstr. 22 a, 1090 **Wien**, Tel. 01/5 85 38 84 http://at.croatia.hr

Die genannten Büros bearbeiten auch Anfragen aus der Schweiz.

In Kroatien erteilen die lokalen Touristikverbände (Turistićka zajednica, TZG bzw. TZO) und deren Büros (Turist Info oder Tourist Information Office) Auskünfte.

Viele der Fremdenverkehrsverbände sind mit einer eigenen Homepage im Internet vertreten (Links: www.croatia.hr unter »Reiseziele«).

MASSEINHEITEN

In Kroatien gilt das metrische System. Speisen und Getränke in kleineren Mengen werden dezi- und dekaweise verkauft: Ein Deziliter *(deci)* Wein ist ein Gläschen mit 0,1 Liter, fünf Dekagramm Käse sind 50 Gramm.

MIETWAGEN

Alle internationalen Verleihfirmen sind in den Touristenzentren und größeren Städten vertreten; zudem gibt es eine Vielzahl lokaler Anbieter. Über die jeweils günstigsten Tarife informiert die Website www.billiger-mietwagen.de.

NOTRUF

- Mehrsprachiger **EU-Notruf:** Tel. 112
- **Polizei** *(policija):* Tel. 192
- **Feuerwehr** *(vatrogasci):* Tel. 193
- **Unfallrettung** *(hitna pomoč):* Tel. 194
- **Pannenhilfe HAK** (Hrvatski Auto Klub): Tel. 19 87

ÖFFNUNGSZEITEN

- **Geschäfte** und **Kaufhäuser** haben keine gesetzlich geregelten Öffnungszeiten. Lebensmittelgeschäfte, Metzgereien und Bäckereien sind in der Regel Mo bis Sa 7.30–12.30 Uhr und 17–20 Uhr geöffnet, Supermärkte durchgehend 8–20 Uhr. In den Urlaubsorten verlängern die meisten Ladeninhaber die Öffnungszeiten abends und am Wochenende.
- **Restaurants** in den Feriengebieten sind meist täglich von 11–23 Uhr geöffnet; die wenigsten haben einen Ruhetag oder schließen am Nachmittag.
- **Banken:** Schalterstunden in größeren Städten Mo–Fr 7–19, Sa 7–13 Uhr, in kleineren Ortschaften sind die Banken über Mittag geschlossen.

URLAUBSKASSE

• Tasse Kaffee:	2 €
• Softdrink:	2,50 €
• Glas Bier:	3 €
• Burek:	4 €
• Kugel Eis:	1 €
• Taxifahrt (pro km):	1,50 €
• Mietwagen/Tag:	40 €

- **Museen** sind zumeist Di–Sa 8–18, So 9–15 Uhr geöffnet, wegen der saisonal starken Schwankungen sollten Sie sich möglichst vor dem Museumsbesuch bei den Fremdenverkehrsämtern vor Ort nach den aktuellen Öffnungszeiten erkundigen.
- **Postämter** sind Mo–Fr 7–19, Sa 8 bis 13 Uhr geöffnet (in größeren Orten mitunter auch sonntags).

POST UND INTERNET

Briefmarken *(poštanska marka)* werden in Postämtern (HPT, Öffnungszeiten > **oben**), an Zeitungskiosken *(tisak)* und Tabakkiosken *(duhan)* verkauft.

Internetcafés gibt es in allen größeren Orten und Touristenzentren. Gäste profitieren in den meisten Cafés und Restaurants von kostenlosem WLAN-Zugang. Das Passwort erfährt man vom Personal oder es ist auf der Rechnung vermerkt. In den meisten touristischen Orten haben Sie im Zentrum kostenlosen WLAN-Zugang.

RAUCHVERBOT

In allen öffentlichen Gebäuden gilt striktes Rauchverbot. Hotels, Restaurants, Cafés dürfen jedoch spezielle Raucherzimmer einrichten.

SICHERHEIT

Kroatien ist ein sicheres Urlaubsland, doch sollte man die üblichen Vorkehrungen beachten, wie keine Wertgegenstände im Auto oder im Hotelzimmer lassen oder beim Stadtbummel nur Notwendiges an Wert mitnehmen und dies sicher verstauen.

Das Auswärtige Amt warnt wegen immer noch existierender Landminengefahr davor, in den bis zum Sommer 1995 von serbischen Separatisten gehaltenen Gebieten Straßen und Wege zu verlassen. Auch Trümmerareale und leerstehende Gebäude sollten hier auf keinen Fall betreten werden. Detailliertere Informationen dazu erhält man beim Croatian Mine Action Center unter www.hcr.hr (in Englisch).

TELEFON UND HANDY

Am günstigsten telefoniert man von öffentlichen Fernsprechern mit einer Telefonkarte *(telefonska kartica)*. Allerdings werden öffentliche Telefonzellen immer seltener.

Da seit 2017 für Mobiltelefone mit EU-Vertrag keine Roaminggebühren anfallen, sind auch beim Telefonieren mit dem Handy die Kosten gering. Wer sich länger im Land aufhält, fährt mit einer kroatischen SIM-Karte eventuell günstiger.

INTERNATIONALE VORWAHLNUMMERN:

- nach Deutschland 00 49
- nach Österreich 00 43
- in die Schweiz 00 41
- nach Kroatien 0 03 85

Nach der internationalen Kennung folgt die Ortsvorwahl ohne 0 und die Rufnummer. Die **Auskunft** für ganz Kroatien erreicht man unter 10 880.

TRINKGELD

In der Gastronomie und Hotellerie ist der Service im Preis inbegriffen. Über ein Trinkgeld von 5–10 % für guten Service freuen sich Bedienungen und Taxifahrer aber selbstverständlich.

ZEIT

Kroatien liegt in derselben Zeitzone wie Mitteleuropa. Im Sommer gilt die Sommerzeit (MEZ + 1 Std.).

ZOLLBESTIMMUNGEN

Es gelten die Ein- und Ausfuhrbestimmungen, die Regeln des freien Warenverkehrs (und die Freimengen für z.B. Rauchwaren und Alkohol) der EU. Die Ausfuhr archäologischer Fundstücke aus Kroatien ist untersagt.

REGISTER

BILDNACHWEIS

Coverfoto: Altstadt von Dubrovnik, Kroatien © mauritius images/Abid, Michael
Fotos Umschlagrückseite © Fotolia/Dziurek (links); laif/Trummer, Paul (Mitte); laif/Schmid, Dorothea (rechts)

Alamy/Pixel 8: 141; Fotolia/anshar73: 149; Fotolia/Bajurin, Dario: 23, 95; Fotolia/dade72: 19; Fotolia/Dziurek: 12; Fotolia/faber121: 110; Fotolia/ilijaa: 72; Fotolia/MaiKai: 29; Fotolia/Sturm, Jenny: 90; Fotolia/Tatjana, Keisa: 150; Fotolia/Todorovic, Aleksandar: 61; Fotolia/xbrchx: 81, 89, 116, 144; Freyer, Ralf: 46, 99, 112, 117, 119, 129; Hackenberg, Rainer: 75, 83, 138; Huber Images/Huber, Johanna: 6/7; Huber Images/Kremer: 136; Huber Images/Mehlig: 53; Jahreszeiten Verlag/Jung, Roland E.: 39; Jahreszeiten Verlag/Selbach, Arthur F.: 96, 97, 148; Köthe, Friedrich&Schetar Daniela: 8, 10, 30, 45, 86, 120; laif/Amme, Michael: 59; laif/Azumendi, Gonzalo: 103; laif/Gerber, Tobias: 131; laif/Heeb, Christian: 22; laif/hemis/Gardel, Bertrand: 36; laif/hemis/Mallet, Jean-Francois: 115; laif/hemis/Spani, Arnaud: 24; laif/Heuer, Frank: 15, 50/51, 52; laif/Kerber, Christian: 43; laif/Le Figaro Magazine/Martin: 142; laif/Schmid, Dorothea: 9, 16, 63, 146; laif/Specht, Heiko: 67; laif/Standl, Günter: 76; laif/Trummer, Paul: 20/21; mauritius images/Abid, Michael: 1; Seasons Agency/Gräfe & Unzer Verlag/Brauner, Michael: 14; Shutterstock/AlenaKogotkova: 18; Shutterstock/bkolodziej: 101; Shutterstock/canadastock: 123; Shutterstock/Circovic, Milos: 17; Shutterstock/Filip_Merkas: 41; Shutterstock/Fischer, Gerald Robert: 13; Shutterstock/iascic: 133; Shutterstock/lazyllama: 33; Shutterstock/Lukas Bischoff Photograph: 93; Shutterstock/Lyjak, Blazej: 31; Shutterstock/Paschos, Michael: 126; Shutterstock/Prescott, Paul: 108; Shutterstock/Slezak, Patrik: 57; Shutterstock/Yasonya: 65; Shutterstock/YKD: 113; Shutterstock/zlatkozalec: 69; Von Loeffelholz, Sabine: 124; Wikipedia/Sporka, Adam: 35.

Liebe Leserin, lieber Leser,
wir freuen uns, dass Sie sich für diesen POLYGLOTT on tour entschieden haben.
Unsere Autorinnen und Autoren sind für Sie unterwegs und recherchieren sehr gründlich, damit Sie mit aktuellen und zuverlässigen Informationen auf Reisen gehen können.
Dennoch lassen sich Fehler nie ganz ausschließen. Wir bitten Sie um Verständnis, dass der Verlag dafür keine Haftung übernehmen kann.

Ihre Meinung ist uns wichtig. Bitte schreiben Sie uns:
GRÄFE UND UNZER VERLAG
Postfach 86 03 66, 81630 München, Tel. 0 89 / 419 819 41
www.polyglott.de

LESERSERVICE
polyglott@graefe-und-unzer.de
Tel. 0 800 / 72 37 33 33 (gebührenfrei in D, A, CH), Mo–Do 9–17 Uhr, Fr 9–16 Uhr

1. Auflage 2019

Dieses Buch wurde auf chlorfrei gebleichtem Papier gedruckt.
ISBN 978-3-8464-0396-9

Verlagsredaktion: Anne-Katrin Scheiter
Autor: Friedrich Köthe, Maria Pernat (Original)
Redaktion: Elke Sagenschneider
Texte und Projekte, München
Bildredaktion: Lisa Rost
Mini-Dolmetscher: Langenscheidt
Umschlaggestaltung & Layout:
Independent Medien Design, München
Horst Moser (Artdirection), Lucie Heselich
Karten und Pläne: Theiss Heidolph
und Kunth Verlag GmbH & Co. KG
Satz: Tim Schulz, Mainz
Herstellung: Anna Bäumner
Druck und Bindung:
Printer Trento, Italien

PEFC™
PEFC/18-31-506

GRÄFE UND UNZER

Ein Unternehmen der
GANSKE VERLAGSGRUPPE

MINI-DOLMETSCHER KROATISCH

ALLGEMEINES

Guten Morgen.	Dobro jutro. [**do**bro **ju**tro]
Guten Tag.	Dobar dan. [**do**bar dan]
Guten Abend.	Dobro veće. [**do**bro **wä**tschä]
Hallo!	Zdravo! [s**dra**wo]
Wie geht's?	Kako je? [**ka**ko jä]
Danke, gut.	Hvala, dobro. [ch**wa**la **do**bro]
Ich heiße ...	Zovem se ... [**so**wäm ßä]
Auf Wiedersehen!	Do viđenja! [do wi**dsch**änja]
Morgen	jutro [**ju**tro]
Vormittag	prijepodne [**pri**jäpodnä]
Nachmittag	popodne [**po**podnä]
Abend	večer [**wä**tschär]
Nacht	noć [notsch]
morgen	sutra [**ßu**tra]
heute	danas [**da**nas]
Sprechen Sie Deutsch / Englisch?	Govorite li njemački/ engleski? [**go**woritä li **njä**matschki / **än**gläski]
Wie bitte?	Molim? [**mo**lim]
Ich verstehe nicht.	Ne razumijem. [nä ra**su**mijäm]
Sagen Sie es bitte noch einmal.	Recite još jedanput, molim. [**rät**ßite josch jä**dan**put **mo**lim]
..., bitte.	..., molim. [**mo**lim]
Danke.	Hvala. [ch**wa**la]
Keine Ursache.	Nema na čemu. [**nä**ma na **tschä**mu]
was / wer / welcher	što / kto / koji [schto / kto / koji]
wo / wohin	gdje / kamo [gdjä / **ka**mo]
wie / wie viel	kako / koliko [**ka**ko / **ko**liko]
wann / wie lange	kada / kako dugo [**ka**da / **ka**ko **du**go]
Wie heißt das?	Kako ovo se zove na hrvatskom? [**ka**ko **o**wo ßä **so**wä na **chr**watskom]
Wo ist ...?	Gdje je ...? [gdjä jä]
Können Sie mir bitte helfen?	Molim Vas, možete li mi pomoći? [**mo**lim waß **mosch**äte li mi **po**motschi]
ja	da [da]
nein	ne [nä]
Entschuldigen Sie!	Oprostite! [o**pros**titä]
Das macht nichts.	Nema veze. [**nä**ma **wä**sä]

SHOPPING

Wo kann ich ... kaufen?	Gdje mogu kupiti ...? [gdjä **mo**gu **ku**piti]
Wie viel kostet das?	Koliko košta? [**ko**liko **kosch**ta]
Wo ist eine Bank / Wechselstube?	Gdje je banka / mjenjačnica? [gdjä jä **ban**ka / mjän**jatsch**nitßa]
Geben Sie mir 100 g Käse / zwei Kilo Orangen.	Dajte mi deset deka sira / dva kila naranča. [**daj**tä mi **dä**sät **dä**ka **si**ra / dwa **ki**la na**ran**tscha]
Haben Sie deutsche Zeitungen?	Imate li njemačke novine? [**i**matä li **njä**matschkä **no**winä]
Wo kann ich telefonieren / eine Telefonkarte kaufen?	Gdje mogu telefonirati / kupiti telefonsku karticu? [gdjä **mo**gu täläfo**ni**rati / **ku**piti tälä**fon**sku **kar**titßu]

ESSEN UND TRINKEN

Die Speisekarte, bitte.	Jelovnik, molim. [jälownik **mo**lim]
Brot	kruh [kruch]
Kaffee	kava [**ka**wa]
Tee	čaj [tschaj]
mit Milch / Zucker	s mljekom / sa šećerom [ß **mljä**kom / ßa **schä**tschärom]
Orangensaft	sok od naranča [ßok od na**ran**tscha]
Suppe	juha [**ju**cha]
Fisch / Meeresfrüchte	riba / morski plodovi [**ri**ba / **mor**ski **plo**dowi]
Fleisch	meso [**mä**ßo]
Geflügel	perad [**pä**rad]
vegetarische Gerichte	vegetarijanska jela [wägätari**jan**ska **jä**la]
Eier	jaja [**ja**ja]
Salat	salata [ßa**la**ta]
Dessert	desert [**dä**ßärt]
Obst	voće [**wo**tschä]
Eis	sladoled [**ßla**doläd]
Wein	vino [**wi**no]
weiß / rot / rosé	bijelo / crno / ružica [**bi**jälo / **tsr**no / **ru**sch**i**tßa]
Bier	pivo [**pi**wo]
Wasser	voda [**wo**da]
Mineralwasser	mineralna voda [minä**ral**na **wo**da]
mit / ohne Kohlensäure	sa ugljičnom kiselinom / bez ugljične kiseline [ßa **ug**ljitschnom **ki**ßälinom / bäs **ug**ljitschne **ki**ßälinä]
Limonade	limunada [limu**na**da]

MEINE ENTDECKUNGEN

Teilen Sie Ihre Entdeckungen auf facebook.com/Polyglottreisewelt.

CHECKLISTE KROATIEN

Nur da gewesen oder schon entdeckt?

☐ **ISTRIEN UNDERGROUND**
Die märchenhaft schöne Tropfsteinhöhle Baredine bei Poreč ist nicht nur die Heimat des blinden Grottenmolchs, sondern auch die perfekte Adresse für kleine und große Höhlenfans. › S. 12

☐ **AUF DEN SPUREN VON WINNETOU UND OLD SHATTERHAND**
Durch eine atemberaubende Landschaft voller Schluchten und bizarrer Höhlen führt die Wanderung im Paklenica-Nationalpark, Kulisse für die legendären Winnetou-Verfilmungen. › S. 83

☐ **KONZERT AUS WIND UND WELLEN**
Die »Meeresorgel« unter ins Meer führenden Stufen an der Promenade von Zadar erzeugt je nach Höhe des Wellengangs ganz unterschiedliche Töne – ein romantischer Ort. › S. 87

☐ **BADEN AM WASSERFALL**
Erfrischend und ein ganz besonderes Erlebnis ist das Bad direkt unterhalb des tosenden Wasserfalls Skradinski Buk an den Krka-Wasserfällen. › S. 93

☐ **DAS LETZTE PARADIES FÜR WÖLFE UND BRAUNBÄREN**
Herrliche Wanderungen lassen sich im Risnjak-Nationalpark mit seinen weiten, undurchdringlichen Wäldern unternehmen, bis heute Heimat von Bären und Wölfen, die man aber nicht zu Gesicht bekommt. › S. 67

☐ **AUF DEM FISCHMARKT**
Laut, bunt, authentisch: So präsentiert sich Splits Fisch- und Markthalle, ein Erlebnis.
› S. 98

☐ **SPARGEL, TRÜFFEL, EI**
Ein kulinarischer Höhenflug: Die *fritaja* ist ein Rührei aus wildem Spargel, gewürzt mit schwarzem Trüffel. › S. 13

MITBRINGSEL

- **Feinstes Bio-Olivenöl:** Bei Natura Rab wird es hübsch verpackt. › S. 75
- **Dalmatinische Weine:** Korculas Winzer bieten vollendete Spitzenweine. › S. 118